愛が寄り添う宇宙の統合理論

これからの人生が輝く
9つの囚われからの解放

川崎 愛
保江邦夫

明窓出版

はじめに

人生を賭して追い求めてきたものを晩年に手に入れることができたならば、それこそ神の祝福と感じずにはいられないはず。

ましてや、その切っ掛けがたまたまの偶然がいくつも重なり合って生まれたなどということであれば、これはもう奇跡と呼ぶべきだろう。

そして、そんな奇跡がこの僕にももたらされてしまった。

そう、長年にわたって探究し続けてきた「この地球に囚われている魂を解放するための秘儀」を、ある一夜、京の街外れで出会った女性が教えてくれることになったのだ。


川崎愛さんというその魅力的な女性は、初対面のときから輝いていたのだが、その外面の美しさからは想像もできないことに、内面には男性の心を持ち合わせていた。残念……、というのはホンネなのだが、いわゆる性同一性症候群のような方とはこれまで一度も接したことのなかった僕は、興味の湧くままに彼女（彼？）の人生について聞くとはなしに聞き出していた。

その中で初めて耳にした言葉が「エニアグラム」だったのだが、簡単な説明だけではよくは理解できなかったものの、どういうわけかその謎めいた響きには惹かれるものがあった。

そして、それが愛さんという目の前の女性を救ったのであれば、もっと深く知りたいと思い立ったのだ。

これまでもそうしてきたように、そうなったらもう、愛さん相手の対談本を出すのが一番手っ取り早い。幸いにもそれほど待たずに愛さんが上京してくる機会に恵まれ、品川駅近くのフレンチビストロで明窓出版の社長さんにご紹介することもできた。

その後、ちょうど愛さんが六本木ヒルズの向かいにある知り合いのお店で、エニアグラムのセミナーを東京で初めて開くことになり、僕と社長さんも参加させてもらえたのだ。

愛さん自身の体験談を交えた理路整然とした解説を聞いていき、そのエニアグラムの技法を僕自身に当てはめてみるというその日のセミナーが終わる頃、胸の奥底に確固たる熱き想いが湧き立つようになっていた。

自分が追い求めていた、地球に囚われている魂を解放する秘儀は、エニアグラムの技法に他ならなかったのだ、という……。

間髪入れず、隣の席に座っていた社長さんに対談本の企画をお願いしたところ、彼女もまた愛さんのエニアグラムについてのわかりやすい説明に感心していたようで、その場で即決してくださった。
こうして生まれたのが川崎愛さんの「処女作」となる本書、『愛が寄り添う宇宙の統合理論　これからの人生が輝く　9つの囚われからの解放』であり、以下に展開される本文を読み進んでいただけるならば、読者諸姉諸兄の皆さんにおいては、このエニアグラムによって自らの人生を「統合」と呼ばれる本来の魂の姿に準拠した形に取り戻すことができ、もはや二度と、この地球地獄に囚われる心配など霧散してしまうに違いない。

各員の奮起に期待する。

2024年正月

保江邦夫
（シリウス宇宙艦隊司令官アシュター）

愛が寄り添う宇宙の統合理論
これからの人生が輝く　9つの囚われからの解放

パート2　エニアグラムとは魂の成長地図

パート3　暗黙知でしか伝わらない唯一の真実

パート4　世界中に散らばる3000の宇宙人の魂

パート5　統合こそがトラップネットワークからの脱出の鍵

パート1 「湯けむり対談」でお互い丸裸に！

【対談1日目】

「湯けむり対談」でお互い丸裸に！

保江　よろしくお願いいたします。貴重な対談になりそうですね。

今回は、「湯けむり対談」と銘打って、富士山の見える伊豆の温泉宿にご一緒いただいています。

愛　こちらこそ、よろしくお願いいたします。

保江　まず、愛さんがこれまでされてきたこと、そして今、ご活躍されている内容についてご紹介しましょう。

大きな括りとしては、カウンセリングになりますか？　愛さんがなさっているカウンセリングは、非常に面白い手法ですね。

そして、読者の皆さんの代わりに、僕、保江邦夫が、愛さんのカウンセリングを受けることにします。

具体的には、生年月日なども公表して見ていただき、僕の全てをさらけ出します。

つまり、僕を丸裸にしていただくという。場所が温泉なだけに（笑）。

そして、僕が現在抱える問題点を明らかにして、それをベースに、今後どうしていけばいいのかといったことを詳《つまびらか》にしていきます。

その間に僕は、愛さんがどのように考えを組み立て、僕を丸裸にしてくれているのかということを分析しながら、途中お声掛けもしつつ、愛さんの頭の中を丸裸にしていこうと思います。

愛　お互いに丸裸になっていくということですね（笑）。了解しました！

他人とは違う「私って、変？」という感覚

保江　まずは、愛さんのこれまでの生き方などを伺っていきましょう。

差し支えのない範囲で教えていただければと。

愛　はい。今は、京都で【本当の自分に目醒めるネイルサロン】をする傍《かたわ》ら、心理学を使ったカウンセリングというか、いわゆるセッションをしているのですが、以前はスタッフを雇用してサロンを数店舗に展開したり、ネイリストになる前は、保険会社で営業職に就いていました。

保江　営業をなさっていた。

愛　その前は、キャバクラや高級クラブでホステスをしたり。

保江　そこは重要ですね（笑）。

愛　ホステス、重要ですよね（笑）。
もともと、小さい頃からいろいろと感じることがあったのですね。
自分がこの地球に生まれたことが、なんだか不思議だったのです。

というのも、性別のない感覚で生まれてきていたからなのですが、そもそも地球上の人間が、男と女だけに分かれていることを、まず不思議に思ったのですね。
「ここの惑星って、なんでこんなふうに分かれているの？」というのがまずありまして。

保江 わかります。

愛 わかりますか。なんだか、一人だけで違う世界に来たみたいな感覚がありました。
「えらいところに来てしまったな」というのが、生まれたときの初めての印象でした。
今のようにネットもなく、YouTubeとかもありませんでしたから、その後も知識を吸収できるのは、自分の周りにいる家族だけだったのです。

保江 生まれたときの印象、わかる気がしますね。それは僕も共通していると思います。

愛 本当ですか。
だからこそ、「なんで生まれてしまったのか」を追求していくということを根本的な人生の目標としたのです。それを知りたいという欲求が強かったのですね。ただ、やはりといいますか、友達や親にそんな話をしても、納得がいくような答えは返ってきませんでした。

子供の頃から、母が絵本を読み聞かせてくれたおかげで本が好きになり、小学生の頃は休み時間になると図書室に行って、歴史を勉強したり、宗教について学んだり。お友達と遊ぶよりは一人きりでこもってマニアックな本を読むのが本当に好きで。

イエス・キリスト、ブッタ、エジプトのファラオ、卑弥呼、魔女狩りなどに特に興味があって、何度もその関連の本を借りました。図書カードには、私の名前しか書いてありませんでしたね（笑）。

ちょっと浮いていたといいますか、幼少期から普通の子ではなかったかもしれません。

そのまま私は大きくなっていきましたが、その過程でも、やはり他の人はあまりそういうことを考えたりしていないのを知って、自分は少し変なのかな、という自覚を持つようになりました。

保江　変人なのかなと。

愛　そう、「私、変人なのかな」と思って。

それで、自分でははっきりとはわからないのですが、いつのまにかそれを忘れていたんです。

保江　問題意識も忘れたと。

愛　問題意識はありました。

保江　問題意識はあったけれど感覚を忘れた……、変だなという感覚を忘れたのでしょうか？

愛　変だなという感覚はありながらも、普通に生きなきゃという気持ちのほうが強くなって、変人の部分を忘れていった……あるいは意識が、普通に生きることに専念するようになったのです。

保江　なるほど。

愛　普通に生きるというのは、自分の好きなことや心地よい感覚をそのまま素直に追求したりすることではなく、みんなと同じように高校、大学に行って、就職して結婚して、子供を産んで親孝行するということなのだ。それが女性として生まれて、この世で幸せに生きる道なんだと、いつのまにかそう思い込んでいたのです。

保江　地球のトラップに引っかかっていたのですね。

愛　そうなのです。

今思えば、地球のトラップだったとわかるのですが、そのときはトラップだと知らずにどっぷりとハマっていまして。

保江　今の愛さんからは考えられませんね。

愛　そうですよね。

学校では、学級委員や生徒会長になり、高校受験はスポーツ推薦で入るなど、文武両道の優等生でした。

普通の会社勤めの夫婦共働きという家庭環境に育ったので、貧乏ではないけれど決して裕福なわけでもなく、妹や弟も下にいるので学費が大変でした。だから、長女の私が塾へも行かずになるべく成績を上げて、推薦で大学に行ってから、家計を助けないといけないという使命感を持っていました。

でも本当は、好きなことや得意なこと、興味があることを活かして何かしたいなという想いがあったので、大学受験のときに、先生や母に相談してみたんです。でも母には、

「好きなことで食べていくのはとてもワガママなことで、うまくいくのはごく少数の人。それだけ成績も良いのだから、潰しが効くように大学に行くほうがいい」と言われて。

最終的には、親孝行をしなくてはという強迫観念や、安定したほうがいいという言葉に従って、好きでもない大学に通うことになりました。

その後の就職も、大企業が安定していると思い、保険会社に就職したのです。

でもそうして過ごすうち、途中から、「もういいんじゃないか」と思うようになりました。「もっと好きに生きていいのではないか」と。

そこで考えてみると、私が好きなこととは美容系だったと思い至ったのです。

それと恋愛ですとか……。私の恋愛対象は、どちらかというと肉体が女性の方なのですね。

保江　昔からですか？

愛　昔からです。3歳のあたりで自覚しました。

でも、「子供を産んで結婚しなくてはいけない。そうでなければ幸せになれない」という概念が根強くて、それをカミングアウトしてしまったら、おばあちゃんやお母さんなど私を愛してくれている人たちが悲しむかなとか、社会で変人扱いされて受け入れられず、成功できないかなと思って話せなかったのです。

そのように私は、仕事も恋愛も全て、自分の本当の思いとは違う気持ちで、人生を生きてきました。

大学のときは、父がリストラにあい、学費の支払いのためにアルバイトでホステスをしていました。

保江　ご出身の京都でですか？

愛　はい、京都です。

保江　メッカですよね。

愛　その頃、初めて念願の年上の女性と付き合えたのですが、束縛されてしまい、なかなかうまくいかず別れたことで、とても傷つきました。おまけに、嫌々行った大学だったので身が入らず……、私は勉強するよりも、早く稼いで奨学金を返したかったのです。実家では母とも折り合いが悪かったので、19歳で家を出ました。

自立するためにも、ホステスでの売上を伸ばそうと思い、ひたすら心理学を勉強しました。

なぜなら、男性の気持ちを勉強することによって、人が何を動機として動くのかというのを理解したかったからです。

男性客に効果的な、心理学を活用して心を掴む方法とは？

保江　男の気持ちを知りたいから心理学を勉強したのですか。

愛　最初は、男性のお客様の気持ちがわかれば売上が上がる、というのが動機だったのです。

保江　さすが。ホステスの鏡ですね。

愛　ホステスとして売上を上げて、ナンバーワンとやらになれるならなってやろうと思っていました。そこで、指名をもらうために心理学を勉強したのです。

保江　普通は、指名をもらうために同伴出勤とかしますよね。

愛　胸を大きくしたりとか（笑）。私はしていませんが。

保江　普通はそういったアプローチかと思いますが、愛さんは心理学を学んだ。

愛　なぜかというと、同僚には美人がたくさんいるのです。美人だったり、可愛かったり、胸がとても大きいとか、男性にとって魅力的な人たちですね。

保江　特に京都なら多いでしょうね。

愛　すごく女子力が高い子が大勢いて、美人も多くて……、私は客観的に見て美人ではないなと思ったのです。

保江　そうでしょうか。とても美しい方だと思いますが。

愛　京都のホステスのレベルの高さでいえば、全然です。一般的なところで見ると、ちょっとは可愛いと言ってもらえるかもしれませんが（笑）。

そこはけっこう、客観的に見ることができていまして、「ルックスだけでは無理だ」と。

じゃあ、何を武器にしようかと考えたら、心を掴むしかないと思ったのです。

保江　なるほどね。

愛　それで心理学を勉強して、いかに会話などで人の心を掴めるかと考え始めました。

保江　会話で人の気持ちを引きつけると。

愛　この人と一緒にいたいと思われるように。

「また会いたい」とずっと思われる人って、いると思うのです。

保江　偉いですね。

僕は京都ではそんなに行ったことがありませんが、東京の銀座にはクラブがいっぱいあるでしょう。

そういうところに連れて行ってくださる社長さんと、初めて銀座の高級クラブに行ったときのことです。

同席してくれたホステスさんに、社長さんが僕について、

「この人ね、すごい物理学者でね、頭がいいんだよね」と言うわけです。

岡山や名古屋みたいな地方の店で同じような状況になったら、女性はだいたい、

「わあ、すごい」とか言う程度なのです。

ところが、「さすが銀座」と思いましたね。僕の横に座った女性は、

「そうでいらっしゃいますか」と涼しい顔で言った後に、胸元から手帳と小さいボールペンを出して、僕の言うことを全部書きとめ始めたのです。

僕がこんなふうに好き放題言うのを、他の店では、

「わー、さすがー！」なんて言うだけなのに、その女性は、

「勉強になります」と言って、真剣な面持ちでメモをとるのですよ。
そんなことをされたら、また来なきゃと思いますよね。

愛　私も、近いことをやっていましたね。

保江　やはりそうですか。

愛　でも、お客さんの前ではなく、帰られた後に全部メモして、その後に送るメールにその会話の内容を少し取り入れたりしていたのです。
また、次に来られたときに、
「あのお話はどうなりましたか？」と、前回のお話を絶対に話題にするようにしていました。

保江　さすがです。

愛 そういう小さなことの積み重ねが大事ですよね。

接客といいますか、人の心をいかにうまく掴むかということ、知識的なノウハウではなく、目の前の相手への本質的なリスペクトや思いやりの心を、大学生の間のホステスのお仕事で勉強させてもらいました。

保江 良い勉強をしましたね。大学に行くより、よほど良い勉強になるというい い例ですね。僕は定年で退官しましたが、現役のうちに、学部の女子大生たちにそう語ってやりたかったですよ。

「僕の授業なんか聞いていないで、ホステスのバイトでもやりなさい」と。

愛 その後、保険会社に就職しました。

保険会社も、顧客のライフプランをお聞きして、より良い人生を歩んでいただくサポートをするというお仕事です。

カウンセリング時に、顧客に心を開いてもらって信頼を得られなくては、「この人に人生の設計を手伝ってもらおう」とは思われません。ここでも心理学は、とても役に立ちました。

その保険会社には半年間いたのですが、入社して半年で、契約件数1位になりました。

保江　それは絶対に、大学のときのホステスのバイト経験があるからですね。

愛　そうだと思います。

保江　そうでないと、大学を出てすぐの子が保険の営業職に就いても、最初からうまくはいきませんよ。慣れないうちはきっと、オドオドしてしまうでしょう。
入社してすぐ顧客に心を開いてもらうというのは、普通はできませんからね。

魂の拒絶――求めたのは母から認められる自分

愛　そうですね、そこが活かせたと思います。
ホステスでナンバーワンになったり、その後、就職しても保険会社で1位になったりと、傍から見たら順風満帆に見えたことでしょう。
ですが、23歳のときに、急に血便が出たのです。いきなりトイレが血の海になって……。

保江　それは、ご自身でも、「自分は今、頑張ってうまくいっている」と思っているのにも関わらず、体が拒絶反応を起こしたということでしょうか？

愛　はい、体に出たのです。
「おかしいな」と思っていましたが、でもそう思う反面、「やっぱりな」という気持ちもありました。

保江　生まれた直後からあった意識も活きているのですね。

愛　はい。「来た来た」というような……、何かが来たのです。
それは魂からの声のような……、「やはり来たな」という気持ちでした。
そこから、鬱のような症状になり、会社に行けなくなってしまったのですね。

でも、他の人は、「順調なのにどうして?」という。

保江　でしょうね。売上トップですから、堂々と続けられるはずなのに。

愛　とても良い職場でしたし、人間関係も良好で、

「何に不満があるんだかわからない」、「じゃあ、ちょっと休めばいいんじゃない」と。

でも、自分ではわかっていたのです。

自分に嘘をつきすぎたなと気ついてしまったら、これ以上今までと同じようにはできませんでした。


そして、このまま行ってしまったら、私は死ぬのだなと思ったのです。

「この自分の内からの声を聞いてあげなければ、死ぬしかないんだ」と思ったとき、これは今、聞いてあげなくてはいけないと。

その保険会社には母も勤めていたのですが、「ごめん、辞める」と母に伝えました。

保江　お母さんも同じ会社だったのですね。

愛　同じ会社で、しかも母はそのとき、別の支部の支部長でした。

保江　お偉いさんだったのですね。だから余計にプレッシャーがあったのでしょうか。

愛　そのとき……というか、もっと後に気づいたのですが、私はずっと母に認められるために頑張っていたのです。

保江　なるほど、そうでしたか。

愛　自分のやりたいことではなく、母親に認められ、理解され、愛されたかったのです。

保江　そういうこと、よくありますよね。

愛　「褒められるような結果を出し続ける、価値のある自分でいなければ、私は誰からも愛されない」という気持ちが強かったのでしょう。

だから、「母を満足させるような親孝行をしなくては」と思っていたのです。

ただでこそ変人で、一般的な恋愛も結婚もせず、子供も産まないかもしれない、そういう罪悪感があって、せめて社会的には成功して認められていないと、母親がかわいそうだと思っていました。その思いが強すぎて、自分を苦しめてもいたのでしょう。

しかし結局、もう無理だと思って、完全に辞めました。自分が死んでしまったら全く意味がないですから。

母は、なんとか私を引き止めようとして説得したり、泣いたりしていましたね。

保江　立場もありますものね。

愛　そうですね。母の気持ちは十分すぎるほどわかりましたから気になっていたのですが、それでもやはりダメでした。

お客様の心を開放し意識を高めるコーチング能力

愛　そして、前から美容系の職に就いてみたかったこともあり、ネイリストに転職しました。一から始めて、修行のような感じで仕事をしていったのです。始めは試験に落ちたり、同期の中でも落ちこぼれで、技術を学び資格を取るので精一杯でした。でも、出身スクールで講師として生徒さんに教えたり、海外のコンテストに出て受賞した経験などで少しずつ自信がついて、自分でも独立できそうな気がしてきました。

サロンワークの技術を習得した後、安定的にネイルで食べていくのに重要なことは、お客さんと確かな信頼関係を築くコミュニケーション、つまり会話力になってきます。ずっと通い続けてくださるリピーター様、つまり自分のファンを増やしていくことです。

保江　僕はよく知らないのですが、ネイルの施術時間というのは、1回どれぐらいの時間がかかるものなのですか？

愛　2時間ぐらいです。

保江　2時間も！　その間、絶えずお客さんと接しているのですね。

愛　絶えずですね。

保江　月に何回くらい通うのですか？

愛　月に1回か、3〜4週間に1回くらいのスパンです。

保江　そうか。コンスタントに来てもらえるというのは、売上にすごく貢献しますよね。

愛　しっかりとコンスタントに売上が上げられる、プロのネイリストになろうと思いました。自立して一人でやっていくとすれば、月に100万円くらいは売上が欲しいなと。

そのためには何が必要なのかなと思ったときに、技術力が高いだけのネイリストじゃダメだと思ったのです。

独立した場合、ずっと通い続けてもらうには、他の人と違う何かが必要だと……。

保江　そこに、ホステスの経験も活かせますね。

愛　はい。ホステスの経験や、それまでの経験が全て役に立ちました。

保江　すごい。

愛　「他の人と違った提供ができるものは何だろう？」と考えたら、施術の会話の中でお客様の心が前向きになるようなメッセージを届けることや、その人の夢を応援するといったこと、つまり、目の前の相手の人生に寄り添って**【意識】**をより良く変えることが必要ではないかと。

保江　単なる雑談ではなくてね。素晴らしいアイディアです。

愛　それができるネイリストって、素敵だなと思ったのです。私にはそれができるんじゃないかと。

保江　スーパーネイリストですね。

愛　いちおう、「キュアカウンセラー」と自分の肩書きを付けました。ネイルで外側を磨くだけではなく、心や内側の意識も美しくなれるようにキュアするカウンセリングができるというような。

会話でどうやったら勇気づけられるかを考えてみると、ちゃんとしたメソッドもなくやっていたらダメだと思って、そこからコーチングの資格を取りに行ったのです。

コーチングの勉強をしながら思ったのは、結局はホステスのときにやっていた心理学を用いた会話スキルとマインド、例えば、「そうなんですね」とか「すごい」とか相手を承認する言葉がけ。人に合わせて喋るペースを変えたり、なるべくポジティブな言葉で返すなどといったことですね。

保江　あれがコーチングの技術ですか。

愛　ほとんどそうじゃないかなと思います。

保江　僕が東京に出てくる前ですから、8年ぐらい前になるでしょうか。
僕の本を読んだというアメリカ在住の日本人の男性がおりまして。スポーツマンのコーチをやっているそうで、さらに自分のお弟子さんをコーチに育てているそうです。
その方が、当時、僕が細々と本で出していた、愛魂（合気）という武術の基本の原理をコーチングのテクニックとして取り入れたいので、ぜひ会いたいとおっしゃるのです。
でも僕は、「なんでこんなものがコーチの技術に必要なの」と全く理解ができなかったし、正直、面倒でした。男性でしたし（笑）。

愛　女性でしたらいいですけれどね（笑）。

保江　「ちょっとあんまりそっちの方面は……」とお茶を濁して、会うことはありませんでした。

しかし、確かにコーチングは大事ですよね。良いコーチに恵まれると伸びますものね。

愛　コーチングで一番難しいのが、どれだけ相手の心を開くことができるかということです。まず信頼をしてもらえるかどうか。心が開けないと、嘘を言ったりしてしまいますから、本当に本人が望む未来へ導けない。

心を開いてもらうには、まず自己基盤、つまりコーチ自身の自己信頼とか自己開示力、そういうメンタルがとても大事です。

プラス、価値観を否定せず、ニュートラルな感覚でいかに相手と接するかです。

「この人には何を言っても大丈夫だ」という安心感みたいな……、本音の愛を語るといいますか。

保江　やっぱり愛……。それで彼は、僕に言ってきたのですね。僕は相手を愛することで、愛魂つまり合気という不思議な現象を起こしていたからね。

愛　そこかもしれないですね。

保江　なるほど。コーチたるもの、選手を愛さなくてはいけないのだという。

愛　完全にサポーターなのです。本当の意味で寄り添うのですね。

保江　そういうことでしたか。

愛　コーチングを勉強したとき、「これは、経験としてもうやってきたことだ」という実感がありました。

でも、そのメソッドがもっと論理的に自分の中で腑に落ちれば、しっかりとスキルとして使えるものになりますよね。

心理学などで潜在意識についても勉強したりして、その人がどんな潜在意識や固定観念を持っているのかということにある程度の当たりをつけながら、会話の中で本人が自分で気づいていくように自然と引き出していくのです。

そうして、他のいろいろなセッションなどを受けに行きつつ、自分なりのオリジナルに変えていって、ネイルをするときにはそれを活かした会話をしてきました。

保江 確かに、単に対面して話をするよりも、僕なら散髪とか、何か別なことがメインなときのほうが本音が出ますよね。

愛 そうなのです。

ネイルがすごくいいなと思ったのは、基本的にネイルというものが、ものすごくハッピーなものというところです。

病院などに行くと、人は暗い話をしがちですが、ネイルはみんなきれいになりにきているので、ゼロベース以上といいますか、もともとテンションが上がっているわけです。

ですから軽い感じで、「じゃあどうなりたい?」とか、「こんな感じはどう?」とか、明るい雰囲気の中で本音を言ってもらえるというのが、ネイルの仕事が特に良かった点ではないかと思います。

保江　お客さんとしては、特に努力なしで、ただ指を出してリラックスしていれば、指先もきれいになってどんどん気持ちも上がっていくということですね。

愛　そう、リラックスしてくれて、気取りのない状態で喋っていくのです。喋るということには、解放や手放しという、すごく深い意味があります。コーチングで「オートクラインが回る」というのですが、人は喋ると自分が話した言葉を自分の脳が聞くのです。他人が喋っていることを聞くのではなくて、自分で話すことを自分の脳が聞くことによって深い気づきは起こります。ですから、あえて話をしてもらいます。

保江　あえて話させる。

愛　あえて話をさせて、自然に気づかせ、意識を変えていくという感じですね。

保江　確かに、口に出して言うと変わりますよね。知り合いのお医者さんで三角《みすみ》さんという方がいます。

ただ、彼がやっているクリニックでは、それを「みかど」と呼ばせて、「みかどクリニック」としています。

クリニックは博多駅の前にあり、彼は西洋医学のお医者さんなのですが、患者を薬漬けにするのを疑問に思って、東洋医学や鍼灸も学んだ方です。主としては東洋医学のやり方で、患者さんを治していました。

しかし、先ほど愛さんがおっしゃったように、病院やクリニックにやってくる患者さんというのは暗いのだそうです。

「お前ら、もう少し元気出せよ」と腹が立つほどなのだそう。

その暗い人たちに、「こうしてごらん、ああしてごらん」と言っても、

「いや、僕にはできません」などと言って全然乗ってこない。とてもネガティブなのですね。

そこで仕方がなく、西洋医学の医者の権威を利用して、強制的にポジティブにさせようということになったのですって。

例えば、初診の患者さんが来るでしょう。暗い雰囲気で部屋に入ってきて椅子に座ります。

そこで医師が、

「まず目の検査をします」と言います。そのクリニックは内科なのに、目の検査をすると言うのです。

そして患者さんに、目の検査で一般的に使われている、片目を隠す遮眼子《しゃがんし》という器具を渡します。

正面の張り紙には、大きい文字、中くらいの文字、小さい文字というふうに、上からだんだん小さくなっていく文字が書かれています。

「じゃあ、まずは一番大きいところを読んでください」と言うと、患者さんは真面目に読むわけです。

「今日はとても爽やかだ」

医師は続けて、

「その下の行を読める？」と。

「今日は気分がよい」

「その下、もう少し小さいのを読める？」

「誰かを幸せにしたい」

そういうポジティブなことばかり書いてあるのですって。
全部読み終わったら、みんなそれだけで、ものすごく元気になっているそうです。それで、「今日はどうして来られたのですか？」と改めて聞くと、ほとんど全員が「はて？」という感じになって、
「元気になったのでもう大丈夫です。じゃあ先生、失礼します」と帰るそうです。
ですから、診察料などをもらうことができないとこぼしていました。

愛　すごいことをされていますね。

保江　すごいことをしているのですが、経営的にはものすごく悪いですよね（笑）。

愛　私も、暗い言葉ばかりいう人には、意識的にプラスの言葉にして返します。
「そうだったんですね、それは良かったですね」と、デメリットの裏にあるメリットを探してあげて、いったん認めてからポジティブな表現や違う視点を提供します。

保江　なるほど。

愛　そうするとご本人も、だんだんと明るい表情になっていって、すごく変わるのです。

保江　変わるんですね。

愛　良い面を話していると、「そうですかね」となっていき、「確かに」とか、「そうかもな」、「きっとそうだ」と、だんだんと視野が広がって目の前の霧が晴れて、腑に落ちていくというか。

先ほど言いましたように、ネイルは２時間かかりますから、ゆっくりと浸透していく感じ……、無理やりに納得させるわけではないですね。さらっとした感じです。

そうすると、お客様が意識を少しずつ変えて、前向きになっていく。かつ、気がついたらネイルがきれいになり、魅力も増していくという。

そんなコンセプトで最初はやっていたのです。

個性を重視！　いきいきと活躍できる人材をみつけるポイントとは

愛　けれどもその中で、人には意識の階層というのがあることに気づきました。カウンセリング領域的な層だと、例えば、生活的・経済的・精神的にしんどいという層ですね。愚痴や悩みが多い人の層で、お金・人間関係・健康面で問題が多い。仕事が大変で嫌なことばっかりだとか、苦しみやしんどさの中に常にいるというような。

保江　ありますね。

愛　それから、そこまでの苦しみやしんどさからご自身はある程度解放されて、より良く人生を生きたい、おまけに他者にまで貢献したいという、コーチング領域の層。経営者・ヒーラー・教師・セラピストなどに多く、人を幸せに導きたいという想いで活動している人です。

そういった、人の意識状態の階層が、だんだん見えてきました。

下の層になればなるほど、人生の中で、さまざまな問題を抱えやすく幸福度も低くなりがちです。

そのうちに、「これからの自分の人生や時間の中で、どんな人の役に立ちたいかな？」と考えるようになり、私はコーチング領域の方のサポートをしたいと思うようになりました。

でも、当時の私はたくさんのお客様を抱えていたので、サロンにスタッフを雇うことで全ての領域をサポートできる環境を作ろうと思いついたのです。


そのときに相談をした、美容サロンで成功されている女性経営者の先輩から、スタッフを雇うなら「一人ひとりの個性を知るといいよ」とアドバイスをいただきました。

誰から学ぼうかなと思っていたらなんと、ちょうど通っていた経営塾の先生が、誕生日の統計的な研究から、才能や個性を活かして無理なくビジネスを成功させることに特化して、起業塾を立ち上げてご活躍されている、日本の第一人者だったのです。

その先生から、誕生日からわかる生まれ持った本質を活かし、ビジネスで売上を上げ、幸せな自己実現をするための知識を学びました。

それで、学んだものを自分のサロン経営やスタッフの教育、そしてお客様への接客サービス、人生相談へのアドバイスにまで取り入れてみたのです。

保江　なるほど。
よく本屋に行くと、誕生日占いのような、例えばこの誕生日の人はタレントさんでは誰、社長や学者などではこういう人がいて、こういう性格ですよという本があるでしょう。あれに近いものなのでしょうか。

愛　それはどちらかというと、ほとんど四柱推命《しちゅうすいめい》という占いが主になっているのです。

保江　そうだ、四柱推命ですね。
四柱推命は、何月何日生まれの人はこうだと占うものですよね。
愛さんがカウンセリングで使用している統計心理学はそうした占いとは違って、例えば2月7日に生まれた人をたくさん調べて、統計的にはこんな人が多いということを集大成したものということですか。

愛　そうです。それに加えて、そのお誕生日に生まれた人の中でも、その個性の本質タイプの特徴を上手に使って、物心共にうまくいっている人のパターンに特化して統計を取っています。

保江　特にうまくいっている人たちばかりをチョイスしていると。

愛　はい。有名な経営者から著名人、アーティストなどからですね。
つまり、生まれながらの自分のキャラ、個性を活かして、人生を素晴らしい方向に進めている人たちです。

保江　生き生きとして活躍できているということですね。

愛　はい。地球人生で、現実的にも精神的にもうまくいっている、魂に沿った生き方をしている人たちなのです。そちらに特化しています。

保江　なるほど、それは面白い！　いいですね。

愛　特徴としては、人とのコミュニケーションや、大切にしている価値観についても言及しているのです。

四柱推命だと、あまりコミュニケーションは扱っていませんし、個性を活かすという視点は少ないと思います。

それぞれの個性同士で、どういう言葉がけやコミュニケーションを取ったらお互いに調和するかということや、どうしたら自分らしく感じたり魂が喜ぶ生き方ができるかもわかります。

宝石を磨くときに、その石の特徴を知るほうが、より美しく磨きやすくなりますね。お誕生日は、石の特徴がたくさん詰まった取扱説明書のようなものです。

つまり、占いよりももっと自分のマネージメントや、自分自身の人生をクリエイトするのに役立つようなイメージです。

保江　四柱推命や誕生日占いみたいなものは、どこかからポンと与えられたようなイメージですものね。

愛　生まれながらに何かを背負っている、宿命がある、という感じですよね。

保江　宿命は、変えられないように思えますよね。そうではなくて……。

愛　運命という感じでしょうか。

保江　変えられるものということですね。

愛　正確には、生まれ持ったものは変えられないのですが、そもそも変えなくていいのです。生まれ持った本質というのは、自分の人生計画を生きる上で、一番最適なキャラなんですね。だから、その特徴をうまく活かせばもっとスムースに命が運ばれる、運命が切り開かれていくという感覚に近い。

その感覚って、すごくいいなと思ったのです。

保江　それは確かにすごくいいですね。四柱推命とか算命学は、大枠にガチッと嵌《は》められて、そこから外れませんものね。

愛　そうなのです。バイオリズムは確かにありますし、それ自体は悪くはないのですが、要は扱い方ですね。

あなたの運勢は悪いですよとか、いいですよとか言いますよね。今年の運勢ベスト○○とかランキング付けをしたり。

でも私は基本的に、全ての出来事に善悪はないと思っているのです。占い師の人に、「あなた、運があまり良くないね」とレッテルを貼られてしまって、そう思い込んだまま生きている人を見るのも嫌でした。

保江　嫌ですよね。僕も以前、算命学の偉い先生に見てもらったことがあります。

「君は桃花殺《とうかさつ》だよ」と言われたので、

「桃花殺ってどういうものですか？」と聞くと、

「年を取れば取るほど若い女の子に惚け狂って、桃の花が咲きまくって殺されるんだよ。

気をつけなさい」と言われました。

愛　桃の花の楽園に行くのですね。

保江　でも最後は、気をつけなよと。

愛　私も、「色恋には気をつけなさい」と言われたことがありますね。色情が過ぎないようにと。

保江　与えられた宿命なんて、受け入れがたいものが多いですが、幸い桃花殺なら受け入れられますね。

愛　いいものですね（笑）。

保江　これがもっと救いがないものだったら、お先真っ暗ですよ。

愛　そうですよ。「これからどう生きていけばいいの？」となってしまいますよね。私は、人生……自分の生き方とか考え方とか、自分の意識の選択でいくらでも変わると思うのです。

だから、四柱推命などの占い寄りにはしたくありませんでした。

保江　なるほど。

愛　セッションや、スタッフへの教育に使用する際にも、個性を活かすというスタンスの心理学のほうがよほど健全で、人の気持ちや意識をポジティブで自主的なものに変えられると思ったのです。

保江　それで、スタッフさんは何人くらい入れたのですか？

愛　5人ぐらい雇っていました。

保江　雇うときにも、統計学的な誕生日を考慮して？

愛　もちろんです。

ポジションといって、自分らしく感じる役割があるのです。この人にはどこのポジションや役割が合うのかという。

保江　どういう特徴なのですか。

愛　本質タイプからのポジションでしたら、例えば私には、物事の本質を見抜く力や人を育てる才能があって、そこからの気づきで自分のビジョンを作り出すとか、こういう社会にしたいという想いから安心安全の環境を作るのが得意なタイプで、何かの創始者に多いし、それができると自分らしく感じます。

他には、すぐに行動を起こして実践する人とか、現場で指示するのが得意とか、バランスを取って人を動かすことが向いているとか、具体的なフォローを得意とするといった、いろんなポジションがあるのですね。

それによって、自分の会社で今、どのようなポジションの人が欲しいか、ということを考えます。バランス良く配置すれば、みんなが自分の個性を活かして役割を全うできて楽しいですから。

保江　普通の会社や組織では、そんなことは度外視して採用したり、配置をしたりしていますよね。

愛　それで嫌になって、辞める人が大勢いると思っています。

採用にもそれを使って、すごくうまくいきました。

保江　やっぱりうまくいったのですね。５人とも、バランスよく配置できたということですか。

愛　5人といっても、同時に5人が働いていたわけではありませんが。入れ替わりつつ、だいたい常時3人のスタッフがいたのです。その人たちには、「あなたはこういう役割が合うよ」と伝えていました。

保江　本人にも伝えたのですね。

愛　本人にも、ミーティングで個性の特徴は全て伝えていましたし、他のスタッフとも共有していました。みんな、とても納得していましたよ。「私はこの役割をやる」と本人がはっきりと認識してくれていると、そこに集中してしっかりやってくれます。すごくうまくいきましたね。

保江　それだけでも、今の日本の企業や組織は学ぶべきですよね。

愛　はい。経営者や管理職、教育者など人を育てる人には特に、知ってもらいたいですね。

保江　適材適所はすごく大切ですからね。

愛　本当にそう思います。

実際、ネイリストは、自分の魅力とか、得意なものを自覚するのもファンを作るために大きなポイントになると思っていましたから、ミーティングでは常に、「あなたはこういうところがいいから、もっとここを伸ばしていこう」というような話をしていました。

その子の個性に合わせて、どういうふうに打ち出していくかというのを伝えました。

保江　例えば、「あなたはどういうことをやりたいの？」と聞いたところで、駆け出しの人は、まだ自分が何をしたいのかわからないことが多いですよね。

愛　そうなんです。自分をよく知らない。

保江　あるいは、すべきこととは逆方向の、間違ったことを思っているパターンも。

愛　親や友達から言われたり、テレビなどのマスコミの影響があったりとかですね。

保江　間違ったイメージを抱いている人に、その希望に沿うようにやらせてみたら、全然ダメだったということばかりでしょう、今の世の中は。

愛　そうなのです。間違った自己評価やセルフイメージを信じて、何度か失敗したくらいで落ち込んでしまったら、もったいないですよね。

保江　本当にもったいないことですよ。

ですから、今回の対談ではその重要性を、管理職やトップの人たちに知ってもらえるものにしたいですよね。

愛さんにはまだまだ引き出しがたくさんありますが、それは話が深くなるにつれてわかっていくでしょう。

それで、スタッフを雇ってうまくいき出した後は、どうされました？

愛　その頃から、お客さんにもそういう話をするようになりました。お客さん全員に対して、その統計学を使って分けたカルテを作成したのです。誕生日からその人の価値観がわかります。例えば、ＶＩＰ扱いが好きな人もいれば、友達感覚で少しラフに会話して話を聞いてほしい人や、とにかく仕上がりの結果を求める人もいる……。

保江　なるほど。まさにホステスのときの体験もありますし。

愛　お客様が求める価値観を提供するのに加えて、お客さんが展開していきたいビジネスの相談にも乗れるようになりました。

その頃は、経営者が多かったのです。というのも、その当時は、「自分らしく生きよう」というキャッチフレーズが流行り出してきたときだったからです。

主婦でもちょっと起業してみたりとか、ネットを使ってなんらかの仕事がしたいとか、そういう相談が増えてきていたのですね。

特にコロナの時期は、「私には何ができるんだろう」と、改めて考える方が多かったのです。

私が、思いつきでただアドバイスをするよりは、そういうちゃんとした統計に基づいていることを言ったほうが、相手が納得しやすいというのもあります。

それで、そういうアドバイスもし始めたら、売上が上がったりとか、恋愛がうまくいったり、人間関係がうまく回るようなことが増えてきたのです。

ただ、なぜか、誕生日の特徴や才能について何度も伝えても、「私はそんなのとは全然違う」と、頭から拒絶する人や、特徴を知ってもなかなか活かせないという人が何人もいました。

それがとても不思議でした。

保江　そうは言われても、自分では納得できない、というわけですね。

愛　自分の性格と全く違うとか、私はそんな性質は一切持っていないし、わかったとしても受け入れられなかったりと。

「だから、その統計って正しくないんじゃない？　当たってないのだから」みたいな感じになるのです。

「当たる当たらないではないんですよね」とやんわり返すのですが……。

たいがいそういう人は、うまくいっていませんでした。

保江　そうか、うまくいっていない人に限って納得しないのですね。

愛　そうですね。

うまくいっている人は、「そうそう！」と共感してくれる人が多く、そもそも自分の個性を活かしている方が多かったんですね。

そこで、「きっと、ご本人だけの問題ではない。この違いはなんで起きるのかな？」と考えてみたのです。

そしてわかったことは、個性や性格には、生まれ持った先天的なものと、後天的な影響から生じたり、学習をしたものの二つがあるということです。

そしてこの、後天的な影響がとても強いんです。

保江　人間からのですね。

愛　周囲の人間からの影響です。

後天的な影響がすごく強い人は、生まれ持った個性を活かせず、人生がうまくいきにくい状態に陥っているのではないかと思いました。

というのも、話を聞いているとお父さんやお母さんから、私はこういうふうに言われて育ってきたという人が多かったのです。

あらゆる問題を深掘っていくと、たいがい両親が最終的に出てくるのです。

保江　以前、催眠療法をなさっている萩原優《すぐる》先生と共著のご本を出版しました（『ここまでわかった催眠の世界　裸の王様が教えるゾーンの入り方』明窓出版）。
そのときに僕が、

「よく耳にする催眠には、催眠術と催眠療法とがありますが、どう違うのかがわかるように簡単にご説明いただけますか?」と聞いたら、

「例えば、こう思ってください。ここに、真っ白い玉があるとします。これが、生まれたときの我々の心です。

オギャーと生まれてから、周囲からいろいろな言葉を聞くでしょう。

言葉を投げかける回数が多いのはお母さんやお父さん、兄弟、おじいちゃんやおばあちゃんやご近所の人などですが、『この子は賢そう』だとか、『へちゃむくれだな、この子は』とか、『将来あかんな』とか、そういうレッテルのようなものが全部、白い玉の上に、付箋のようにペタペタと貼られていくのです。

白い玉が我々の自我意識、心であり、催眠術というのは、催眠術師がその玉にさらに別の付箋をペタッと貼り付けること。

例えば、玉ねぎが苦手な人に、この玉ねぎは甘いという付箋をペタッと貼り付けたら、玉ねぎが甘いと感じられます。

催眠療法というのは逆に、そうして子供の頃からペタペタ貼り付けられた、人からの評価

の付箋を取ってあげること。一枚ずつ付箋を剥ぎ取って、真っ白だった頃の玉に近づけていくのです」と。

愛　それに似ていますね。催眠療法だったのですね。

保江　愛さんがなさっているのも、１枚ずつ固定観念やレッテルを剥ぎ取ってあげるという作業なのかもしれませんね。まさに、萩原先生がなさっている催眠療法と同じだと思いました。

愛　そうだったかもしれないですね。知らない間にやっていたのかも。今は意識的にやってますが。

それで、後天的な影響があるとはどんなものなのか……、どうやったら少しずつでも取っていけるのかと。

保江　周囲の人から言われたのか、あるいは自分自身でなんらかの失敗をしたとか。

愛　ええ。いろいろな理由がありますよね。それを取る療法やセッションはいろいろなものがあると思います。

○○ヒーリングとか、○○療法とかですね。

そういうものもちょっとずつ取り入れていければいいと思っていたのですが、そのときにちょうどエニアグラムに出会ったのです。

エニアグラムとの出会い――9つの囚われとは

保江　以前に一度、愛さんのセミナーを覗かせていただきましたね。

誕生日の統計でする心理学のほうはなるほどと思えましたが、エニアグラムは少し難しかったですね。

愛　先生でも、難しく感じられましたか。

保江　方程式の理屈がはっきり掴めなかったのです。
もともとは、どこから発生したものなのでしょう？

愛　古代ギリシャ時代に起源があるものです。２５００年ぐらい前ですね。

保江　キリストがいた時代のさらに５００年前ですから、本当にギリシャ時代ですね。

愛　古代文明の頃です。エニアグラムという名前は、ギリシャ語で「９つの（エネア）」と「図（グラモス）」という言葉に由来します。
円周上に、正三角形と変形六角形が合わさっている幾何学的図形になっていて、この図形を全て重ね合わせると、円の上に等しく分けられた1から9つまでの点ができます。
この図形を使って、人の性格や心の動き、人としての成長プログラムや人生の課題やテーマなど、さまざまなことが説明できるのです。

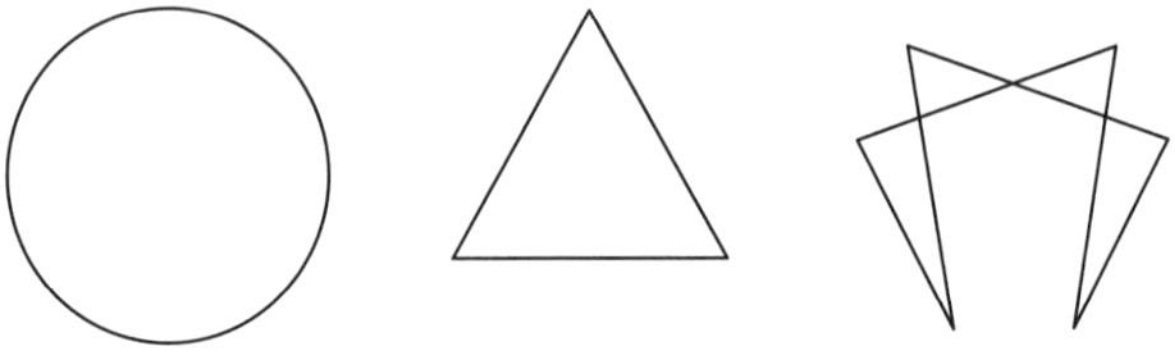

エニアグラム図の三つの部分

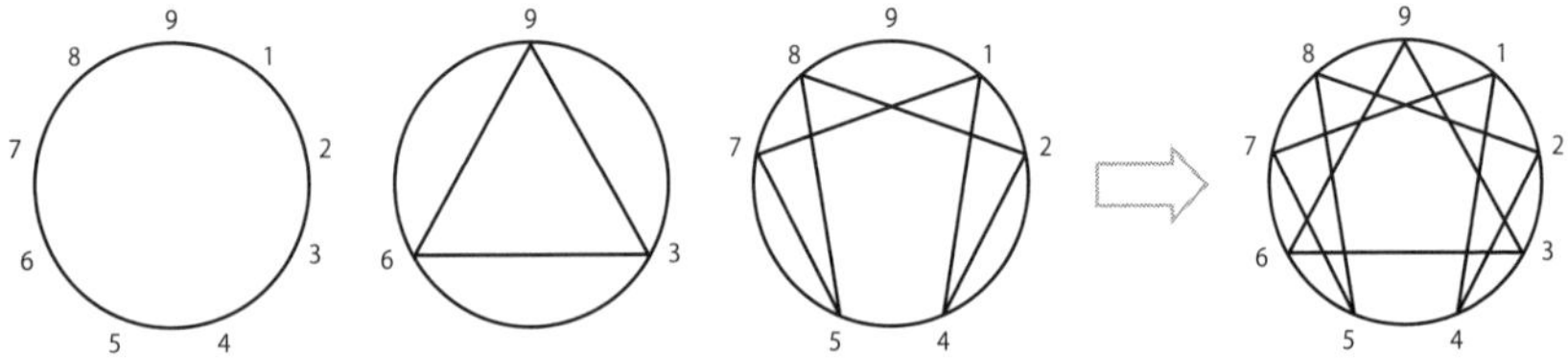

この頃は、神官という今でいえばシャーマン的な人が政治を司っていたらしいのですが、この情報を使って国民を統治したり、リーダーを育成していたようです。

人間には、9つの根源的な恐れとそれを埋めるために生じる欲求があり、その状態によって囚われが生み出され、後天的な性格となって現れるというものです。

この法則がすごくよくできていて、私はこのエニアグラムは宇宙からの情報ではないかとにらんでいるのです。

保江　人間の性格は、9種類に大別できるということでしたよね。

愛　はい。厳密にいうと実は9つではなく、18なのですが、この円周上で隣り合う二つの数字のタイプの恐れを、人は必ず持ち合わせるという法則になっています。

性格が9種類に分かれているというより、どちらかといえば、心の奥の根源的な恐れと欲求が無意識のパターンを形成し、その囚われに、人の意識や性格は影響を受けています。

そして、そのタイプの性格パターンのどれかに、知らず知らずに当てはまっているという感じです。

そういう性格の人が生まれたということではなく、心の囚われにより、後天的に性格が作られているというか。

保江　9種類というのは、恐れと欲求。そして囚われの種類だということですね。

愛　はい、そうです。人はみんな、心の内側に9つの恐れと欲求の全てを持ち合わせていますが、そのうち、普段生活する中で、他に比べて特に欠乏感を感じやすいものや、ハマりや

根源的恐れ	タイプ	根源的欲求
間違っていること	1	正しくありたい
愛されるのにふさわしくないこと	2	愛されたい
価値がない存在であること	3	価値のある存在でありたい
アイデンティティがないこと	4	自分自身でありたい
無能であること	5	有能でありたい
人に嫌われること	6	安全でありたい
退屈で自由を奪われること	7	人生を楽しみたい
支配され弱い存在だと思われること	8	自己主張したい
葛藤すること	9	平和でありたい

図 根源的な恐れ・根源的欲求

すいものがあり、そこにハマると意識が拘束されて身動きができない状態になります。

この状態を「囚われ」と言っており、人が悩む原因、苦しみの種と考えられます。

私たちはもともと、次の9つの恐れと、恐れから生じる欲求感情を持ち合わせています。(図 根源的な恐れ・根源的欲求 参照)

この中で、隣り合う二つの恐れと欲求を持つのです。

囚われとは、自分が持ち合わせているこの恐れの状態が、健全に作用

健　全	タイプ	不健全
正義感と責任感が強く、良識的で、常に改善を行う。	1	自分の正しさを証明するために、他人に対し批判的で相手を正そうとする。
見返りを求めない無償の愛を与え温かく献身的。	2	愛を得るために恩着せがましく行動し、感謝されないと憤慨する。
頭の回転が早く自己プロデュース力があり、人々の称賛を得る。	3	自己中心的で見栄を張りうまくいかないと人のせいにする。
創造力に溢れ、優れた感受性をもち、純粋で繊細。自己表現をする。	4	劣等感と自己嫌悪が強く、他者から孤立し引きこもる。
博識で先見の明があり、探究心や洞察力や観察眼に秀でている。	5	頑固で疑い深く、他人に無関心で冷淡になる。
誠実で優しく面倒見が良く、家族や仲間を大切にする。	6	疑心暗鬼になり優柔不断。権威あるものに依存する。心配する。
フットワークが軽くコミュニケーション能力が高く、熱中してなんでもこなせる。	7	面倒なことを避け、快楽におぼれて現実逃避する。
大らかで統率力があり、勇敢で頼れるリーダーとして皆を奮い立たせる。	8	恐怖によって相手を威圧し独裁的コミュニケーションをとる。
その場を和ませ、穏やかでリラックスしていて、平和な空気を作り出す。	9	無気力で無関心になり、自分の妄想の世界に引きこもる。

図 健全・不健全

せずに、不健全に傾いたときに性格として現れます。感情・思考・行動・身体的本能の反応パターンとして表面に現れるもので、本質的に生きることに対してさまざまな問題を引き起こします。(図　健全・不健全　参照)

各タイプは、この表のようになります。(図　9タイプの名称　参照)

タイプというのは、ご両親の元に生まれてからの環境と、そこから受ける後天的な影響により、あ

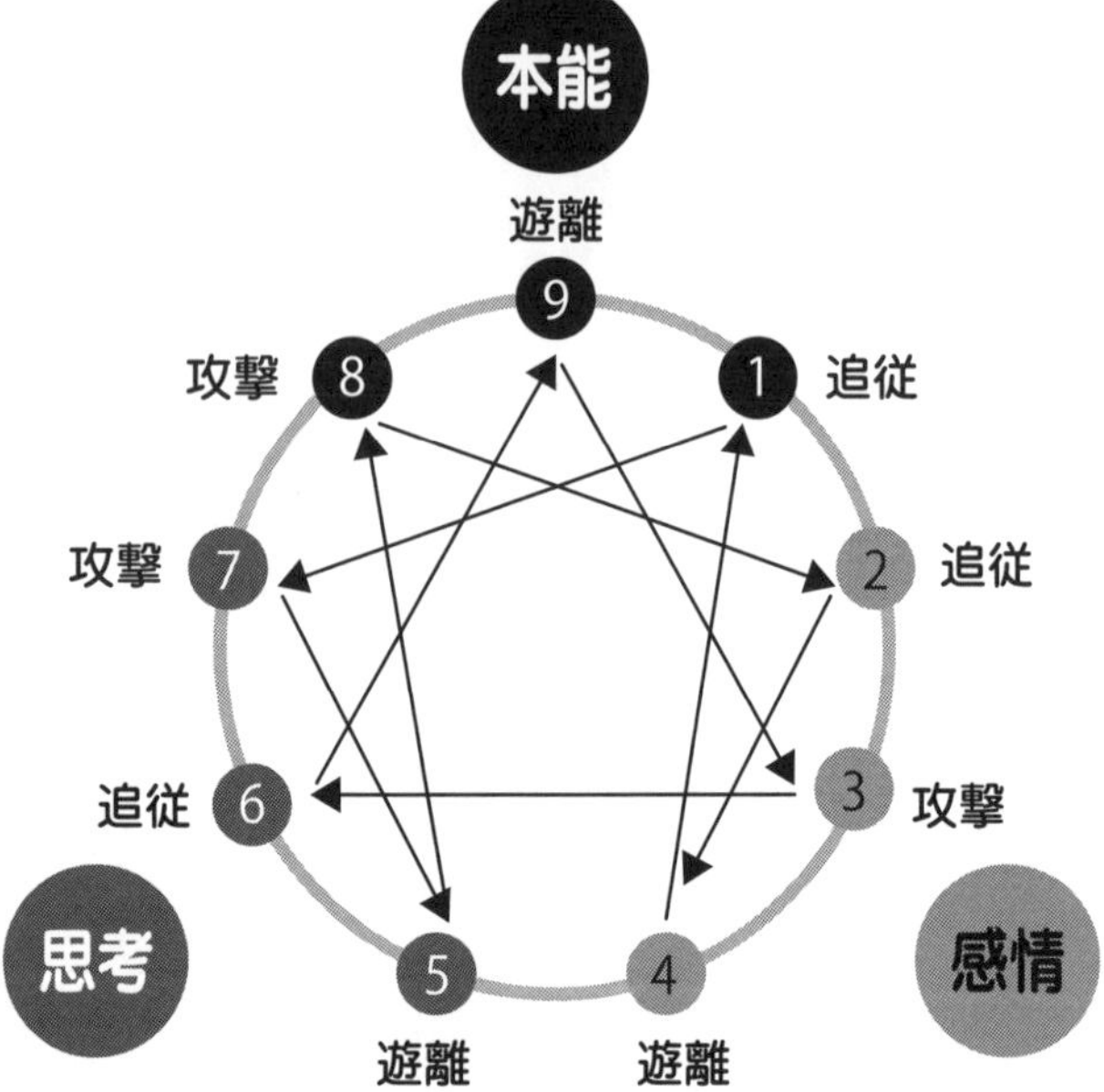

1	追従	ストイックな完璧主義者	本能
2	追従	愛情を持って助ける人	感情
3	攻撃	成功を求めて達成する人	感情
4	遊離	独自の世界を持つ個性的な人	感情
5	遊離	知識と情報を集める探究の人	思考
6	追従	人と繋がりを求める慎重な人	思考
7	攻撃	好奇心で動く楽天家	思考
8	攻撃	自己主張と強さで統率する人	本能
9	遊離	平和と調和を求めるナチュラルな人	本能

図　9タイプの名称

る程度決まります。私は、親は自分で選んでいるという考えを採用していますので、それで考えるとある意味、その親に生まれた時点で、計画的にというか法則に沿って心の中に恐れや欲求が作られていき、そこからの人生でこれらのどれかのタイプになっていきます。

保江　すでに決まっているのですね。

愛さんは？

愛　私は長年、タイプ4w（＊ウイング。9つのタイプがそれぞれ、隣接するサブタイプの特性を持つことを示す）3の、囚われにはまっていて不健全な状態を繰り返していました。

タイプの定着は脳の形成と関わっていて、13歳くらいまでに決定して、そこからは成長したり退化したりはするけれども、基本的には変わらないといわれています。

私の推測では、生まれてくる前、魂が地球で肉体を得る前に、「どのトラップにはまるのか？」を決めてきていると思います。

保江　魂の段階でですね。

愛　はい。親にもそれぞれの恐れや欲求があり、囚われがあります。

保江　なるほどね。

愛　幼少期にその囚われが転写されて移ったり、親の囚われとは逆の囚われができたりと変化していく……、そうして、人には絶対に囚われができていくのです。

囚われと言うとわかりにくいかもしれません。もっとわかりやすく言えば、心の恐れで、この恐れが心の中で広がると、特定のパターンの催眠（トランス状態）に陥る。

保江　恐れ。

愛　私たちは無意識に、ある特定の何かを恐れているのですね。最終的な一番の恐れは死ですが、死へと直結する「○○がなければ死んでしまう」という信念のようなものが幼少期に脳に形成され、その恐れを感じそうになると危険信号が出て、その状況を回避するための思考・感情・身体的な反応パターンをオートで繰り返しているのです。

保江　なるほど。

愛　以前は９つのタイプといわれていたのですが、今はメインとウイング（サブタイプ）の二つを持つという考え方が広まり、私も18タイプの概念を採用しています。

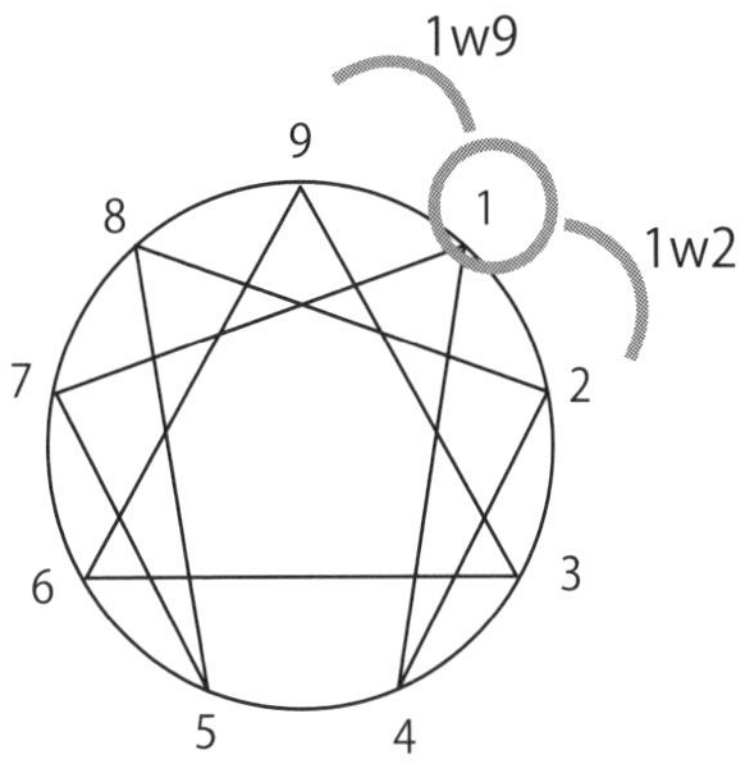

メインもウイングもどちらも、健全、不健全という状態があり、同じ人でも、この状態によって別人のような性格が現れます。

人というのは、葛藤することがよくありますよね。葛藤はこのメインとウイングの相反する二つの恐れが行ったり来たりすることで生じています。葛藤があまりない特殊なタイプもありますが。

保江　わかりやすいです。

愛　どのように恐れが作られていくかについてですが、人間は、生まれてから大人になるまで、父親や母親に育てられる環境が20年ぐらいありますよね。

この期間は自分一人では生きられない。無力感や欠乏感を感じる時間です。

この無力感を抱きつつ、親に影響を受けながら20年も生きる生物は人間しかいない。

なので、どんなに素晴らしい両親のもとに育ったとしても、基本的に人は無力感や欠乏感を抱えて生きやすい上に、親からの影響もかなり深くなるのです。

保江　特に最初のうちは、食べさせてもらわなきゃ生きていけませんからね。

愛　そうです。特に無力な幼少期に抱いた欠乏感は非常に強い恐れとなり、深く刻まれます。子供にとって自分の命を守るためには、養育者からの愛は必須だからです。

実は、人間はこの時期に幼児決断というのをします。「自分はこうやって生きていこう」

という方針や信念みたいなパターンを決めるのです。
この決断は、命を守るための選択なので、大人になっても効力を発揮し続ける、非常に盲目的で拘束力が強いものです。

子供は、親からの愛情を得るために、必死で顔色を見たり、いい子でいたり、強がったりすることを学習します。親の反応を気にして、本来したい方向ではないほうに考えたり、感じたり、行動もします。
そうやって、本質ではない自分の性格を捻じ曲げて作り上げてしまうのですね。親に対して成功したパターンは、社会や他人へも使えると思い込んでしまいます。
それが、後天的な性格になっていきます。

保江　要するに、親というものがあるために作られてしまう、後付けの自分ということですね。

愛　はい。大人になったときには、本質の自分と後付けの自分がごちゃまぜになっている

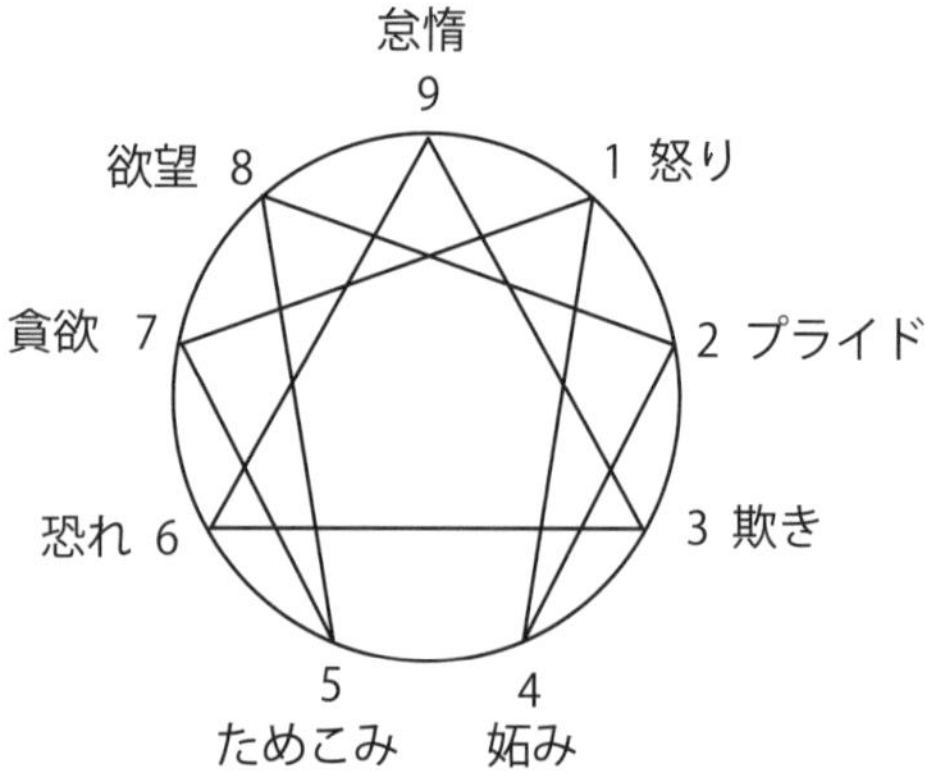

状態なのです。

多くの人が、幼少期に作られた欠乏感や恐れというものをベースに、そこから逃れたいという特定のパターンからなる回避的な思考や感情や行動を繰り返していて、それが自分の性格だと思い込んでいるのです。

心の状態が健全だったら、後天的に習得したパターンは、自分の本質をさらに後押しする魅力となってより輝くのですが、不安や恐れが強くなったときにはそれが逆に、諸刃の刃となって自分を苦しめる囚われにもなるのです。

例えば、私のタイプ4w3の場合ですが、タイプ3は「欺き」という囚われがあります。

タイプ3の根源的な恐れは、「ありのままの自分では価値がない」ことです。

9つのとらわれ（Passion）

1	怒り (ANGER)	「憤り（Resentment）」と言ったほうが正確かもしれない。怒り自体は問題ではないが、タイプ1においては、怒りが抑圧され、自分自身と世界に対するたえざる欲求不満に至る。
2	プライド (PRIDE)	プライドは、自分自身の苦しみを認めることができなかったり、認めたくないということを指す。タイプ2は、自分自身のニーズの多くを否定し、ほかの人を「助け」ようとする。このとらわれは、「うぬぼれ（Vainglory）」ともいえ、自分自身の美徳に対するプライドである。
3	欺き (DECEIT)	欺きというのは、自らを欺き、自分が自我（エゴ）にすぎないと思いこむことである。このように信じると、私たちは本質ではなく、自我（エゴ）を育てることに努力を傾ける。このとらわれを、「虚栄（Vanity）」と呼んでもよい。自らのスピリチュアルな源に向かうのではなく、自我（エゴ）に、価値があると感じさせようとする試みである。
4	妬み (ENVY)	妬みというのは、何か根本的なものが欠けているという気持ちに根ざしている。タイプ4は妬みにより、ほかの人たちが、自分に欠けている資質を持っていると感じる。タイプ4は、ないものにあこがれるが、人生においてすでに多くの恵みがあることに気づかないことが多い。
5	ためこみ (AVARICE)	タイプ5は、自分の力量が足りず、人とかかわりすぎると、破滅的なまでに消耗してしまうと感じる。このとらわれにより、世界との接触を控える。このように自分の力量にしがみつき、自らのニーズを最小限にとどめる。
6	恐れ (FEAR)	このとらわれは、「不安（Anxiety）」といったほうが正確かもしれない。不安があるために、今実際に起こっていないことを恐れるのである。タイプ6は、たえざる懸念をもちながら暮らしており、起きる可能性のある将来のできごとについて心配する。
7	貪欲 (GLUTTONY)	貪欲とは、体験によって「自分を満たし」たいという飽くなき欲求を指す。タイプ7は、さまざまな肯定的で刺激的な考えや活動を追求することによって、内面の空虚感を克服しようとする。しかし、満足感を得ることはない。
8	欲望 (LUST)	欲望とは、性欲のみを指すわけではない。タイプ8は強烈さやコントロール、自己拡張へのたえざるニーズにつき動かされるという意味で、「欲望が強い」のである。欲望によりタイプ8は、人生においてすべてを押し通そうとする。強く主張するのである。
9	怠惰 (SLOTH)	怠惰とは、たんに怠けるということではない。タイプ9は、きわめて活動的になったり、達成を遂げることもある。人生からの影響を受けたくないという欲求を指すのである。活力をフルに使って、人生と十分かかわることをしたくない。

ですので、この恐れを埋めるために、いつも目標を達成したり結果を出して価値のある自分になり、親や社会から承認されたいという欲求がつきまとっていました。

つまり、自分の本当の気持ちや魂の本質的な欲求ではなく、価値のある自分になって承認されたいという欠乏感を埋めるための偽りの自我を満たすことに努力を傾けてしまいやすい。自分では気づかぬうちに、自分の心を偽り、欺く行動や思考・感情を繰り返すという囚われに陥りやすいのです。

それで、本質からズレるということが極まって、病気になったのですね。


健全に承認欲求が満たされている状態においては、他者に認められるのではなく、ありのままの自分を自分で認められるようになります。ですから、そこまで無理に頑張りすぎないのですが、必要以上に結果や他者からの承認にこだわりすぎて不健全化してしまうと、「1位にならねば」「認められなければ」となり、非常にストレスがかかります。

たとえ1位になったとしても、幸せと感じられないし、また次のなにかでも1位にならないといけないと思って、焦ってしまうからです。

どんなに成功しても、まだ承認されていないと感じる、蟻地獄のようなループに陥るわけですね。

恐れや欠乏感というのは、心にできた幻なので、いくら埋めても決して埋まるわけはないのですが、なかなか自分では気づけません。

いったん囚われ状態に入ると、ちょっとしたことにもナーバスになります。

例えば、人から来たメールに「ありがとう」がないだけでも、「私の価値を認めていないんじゃないか」と怒りや不満の感情が湧いてきたり、「まだ認められるには価値が足りないんじゃないか」と感じてやりすぎてしまうなど、よくない想像を勝手に膨らませて、本来は意図していない行動をしてしまうのです。

保江　想像が膨らんで、悪い方向にいくという。

愛　過去のパターンから、そういうイメージを作り出してしまうのですね。

囚われると、客観性を失い、まともな判断ができなくなっていくのです。

保江　その囚われに沿ったイメージといいますか、生き方がどんどん拡張されるということですね。

愛　意識は、意識を向けた方に拡大しますよね。囚われた意識の状態での選択は、実際にはもともと、やりたかったことでも、選択すべきことでもなかったりします。

保江　人間というのは、とにかくその9種類に囚われているということですね。

愛　囚われていて、そのまま囚われつつ生きているのです。

本来の誕生日の性質を活かせず、魂は本質と切り離され、体験の目的を見失い、自分の本質を知らずに恐れをベースに生き、そして死んでいくことが、ほとんどだと思うのです。

保江　そういう考え方が、ギリシャ時代にすでにあったわけですね。

愛　考え方というよりも、宇宙の法則として発見されたのだそうです。

数も人間が作ったものではないと言われていますが、似たような感じです。
もともとあったパターンを見つけて、体系的に使っていたのだそうです。

保江　数について、数学者はそういいますね。
「我々は人間が人為的に作ったと思っているが、実は宇宙にすでに存在していて、それを数学者が発見しただけなのだ」と。

愛　エニアグラムもそのように言われていました。

保江　この宇宙に、人類というものは9種類の囚われの下に生まれてきているという法則がすでにあったということを、ギリシャ人が発見したというのですね。

愛　そして、それを支配者層が使って人を操っていたそうです。

保江　なるほどね。

パート2　エニアグラムとは魂の成長地図

分裂の方向

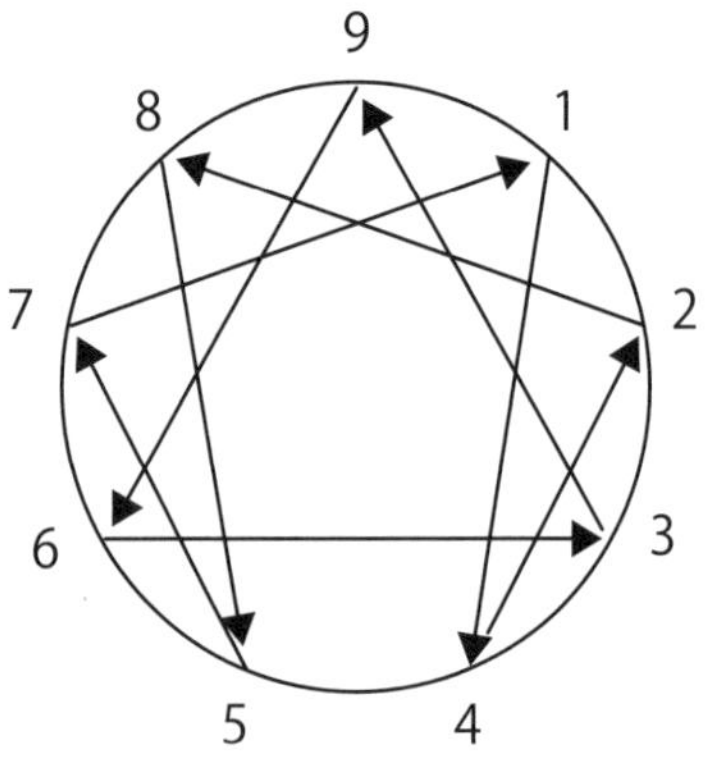

統合の方向

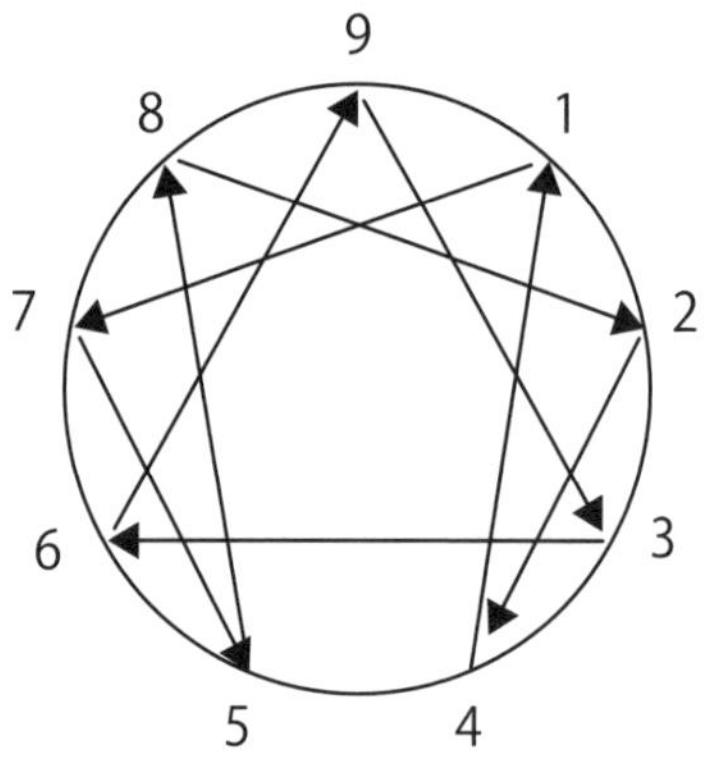

エニアグラムとは魂の成長地図

愛　私のところにご相談にこられる方にエニアグラムを当てはめたとき、ご自身のタイプの囚われによって不健全になり、それを悩みとして抱えられている方が多いことに気づきました。

結局、お誕生日で生まれ持った個性を参考にいくらコンサルしても、うまくいかなかった原因はこれだとわかったのです。

起業したいというご希望があり、本来はすごく行動力がある方なのに、なかなか動かなかったり。

その方の場合、決めることへの恐れと、変わりたくないという欲求が作用して、決めることを避け「現状維持をする」、「このままチャレンジせずに平和でいる」といった囚われにハマっていまし

統合の方向

1	怒りをもつ批判的なタイプ1が、健全なタイプ7のように、もっと自然体で喜びに満ちる。
2	プライドがあり自己欺瞞的なタイプ2が、健全なタイプ4のように、もっと自分自身のケアをし、感情的な面で自覚的になる。
3	虚栄心が強く、欺瞞的なタイプ3が、健全なタイプ6のように、もっと人に協力的になり、コミットする。
4	妬みを抱き激しい感情をもつタイプ4が、健全なタイプ1のように、もっと客観的で節度をもつ。
5	自分ひとりでためこみ傍観者的なタイプ5が、健全なタイプ8のように、もっと自信と決断力をもつ。
6	恐れをもち悲観的なタイプ6が、健全なタイプ9のように、もっとリラックスし、楽観的になる。
7	貪欲で意識が散漫なタイプ7が、健全なタイプ5のように、もっと集中力と深みを増す。
8	欲望が強く、支配的なタイプ8が、健全なタイプ2のように、もっと心を開き、思いやりをもつ。
9	怠惰で自己軽視をするタイプ9が、健全なタイプ3のように、成長志向でエネルギッシュになる。

分裂の方向（と反転）

1	秩序正しいタイプ1が突然、タイプ4のように気分が変わりやすく、理性的でなくなる。
2	愛情を求めるタイプ2が突然、タイプ8のように攻撃的で支配的になる。
3	駆り立てられているタイプ3が突然、タイプ9のように関わらなくなり、無関心になる。
4	打ちとけないタイプ4が突然、タイプ2のように過剰に人にかかわり、しがみつく。
5	傍観しているタイプ5が突然、タイプ7のように活動過多になり、意識が散漫になる。
6	忠実なタイプ6が突然、タイプ3のように競争心が強くなり、傲慢になる。
7	意識が散漫なタイプ7が突然、タイプ1のように完全主義的で批判的になる。
8	自信に満ちたタイプ8が突然、タイプ5のように秘密主義的になり、恐れをなす。
9	受動的なタイプ9が突然、タイプ6のように不安になり、心配する。

た。そして、そのほうが安心だと錯覚していたわけです。

そこが邪魔になっているから、動きたいけど、なかなか決断したり実行に移したりできないのですね。

けれども、その囚われに気づき、自己改革によって自分を解放することができると、次のステージへステップアップし、本当に魂が望んでいる体験ができます。

このステージについては、実は順番が全部決まっています。

ここで大事なことは、自分で気づいて、まずは一つ目を脱出することです。

保江　すでに全部が決まっていると……。

愛　決まっているのです。これがエニアグラムの知慧が、ただタイプ別に分けるだけの性格判断とは違う、私が一番好きなところです。
図を見ながら説明するとわかりやすいのですが、それぞれが持つメインとウイングの心の

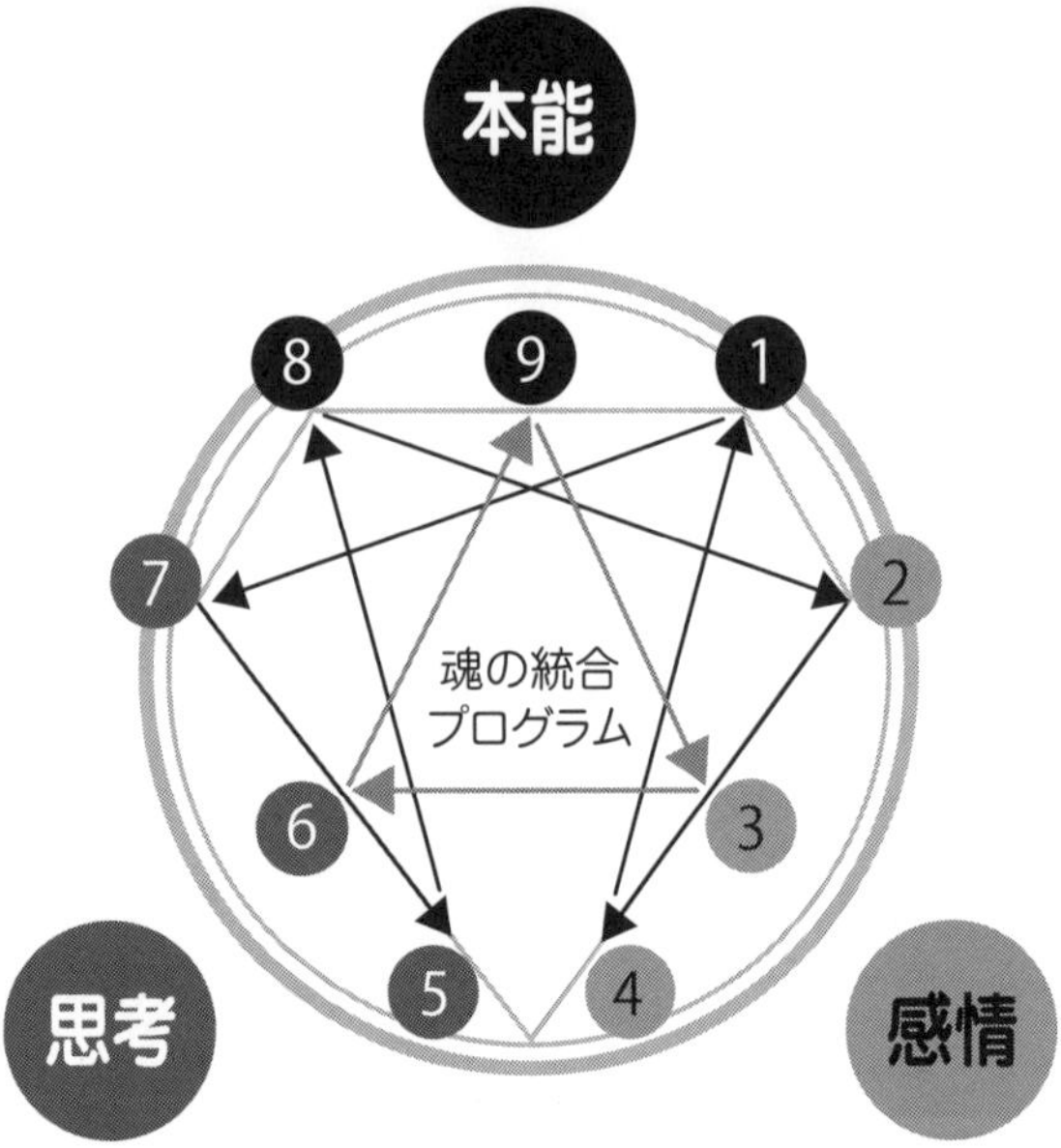

1	ストイックな完璧主義者	寛容・許す　リラックス	本能
2	愛で人を助ける人	自己愛　無償の愛	感情
3	目標を達成する人	自己実現　他者貢献	感情
4	個性的な人	自己表現・個性発揮	感情
5	知識と情報を集める探究の人	能力・愛を信じる 専門知識アウトプット	思考
6	繋がりを求める慎重な人	勇気と自信　籠から出て自由に	思考
7	好奇心で動く楽天家	理想（快楽）の追求から探究へ	思考
8	自己主張で統率する人	他者愛・真の指導者	本能
9	平和と調和の ナチュラルな人	チャレンジ・決断と行動	本能

図　地球での学び　課題と体験テーマ

恐れの状態が、健全な状態になり保たれると、自然と恐れから解放されていきます。

すると、図の数字から矢印が伸びているように、次の数字のタイプの健全な面が出てきて調和し、人として成長するのです。

つまり、エニアグラムの図は、「次のステージではこういう学びがありますよ」、「そこに上がると、次のこういうステージになっていますよ」というような、人生ゲームの攻略本であり、人生の羅針盤であり、魂の成長地図にもなっているのです。（図　地球での学び　課題と体験テーマ　参照）

9つのタイプは図にあるように、本能（8・9・1）、感情（2・3・4）、思考（5・6・7）の3つのグループに分けられています。そこが優れているというわけではなく、そこに注ぐエネルギーに偏りを生じやすいタイプということで、傾向を表しています。

例えば、同じ本能グループの8・9・1の中でも、8は最も本能的でエネルギーが外側に向かいますが、1は逆に、本能を抑制してエネルギーをコントロールしようとします。

真ん中の9は、もともとは本能に繋がりやすいのですが、たいていの場合は切り離れていることが多く、内側からも外側からも影響を受けず、エネルギーは省エネモードです。感情タイプ、思考タイプもそれぞれ、偏りがあります。

自分のタイプの性質をどんどん健全にしていき自分を解放していくと、ついには囚われから出られます。9つの恐れから生じる苦しみから解放されると、囚われない状態になれます。

この、心の中の恐れが全て調和し、成長していくプロセスを「統合」と呼びます。

保江　お釈迦様に似ていますね。

愛　ええ、とても近いです。私は、9つの囚われから解放され調和した状態というのが悟りじゃないかなと思っているのです。金剛の心ですね。

保江　八正道ですね。ちょうど2500年前は、お釈迦様の生きていらした頃でもありますし。

愛　そうなのです。これを、お釈迦様は気づいていたのかと私も思います。おそらく、集合的無意識で気づいたのかもしれませんが。

保江　宇宙の法（ダルマ）といいますものね。

愛　ダルマですね。

「正しくものを見る」ということは、囚われから解放されている状態のことなのですよ。

保江　正しく見、正しく聞き、まさに八正道（＊８つの道を常に守り行うことによって悟りが得られ、理想の境地である涅槃《ねはん》に到達できると説く、仏教の徳目①正見②正思惟③正語④正業⑤正命⑥正精進⑦正念⑧正定）ですね。

愛　昔の神官は、おそらく通過儀礼の中でエニアグラムなどを使って、分離した自分の恐れを愛と統合させていたのです。統合の度合いが高ければ高いほど、上の位を与えられていたようですね。

心の純度が上がるというか、不安や恐れがなくなるので愛や光の波動に近づいていくのです。

おそらく、その最たるものがイエスの愛だったのではないかと。

保江　エニアグラムの概論としては、非常によくわかりました。
　さらに誕生日を基にする統計心理学を加えて、エニアグラムをカウンセリングに使おうということにしたのですね。

愛　そう、自分を解放していくためには、先天的・後天的どちらが欠けても成り立たない。二つとも必要なのです。

保江　エニアグラムを使い始めたときに、例えば従業員でもクライアントでも、その人の囚われが何かというのを判別する技術は体得されたのですか？

愛　はい。

保江　それはちなみに……？　企業秘密でなければ伺ってもいいですか？

愛　まずは、エネルギーを見るのです。

保江　エネルギーですか。

愛　エネルギーとしての、心の恐れを感じるところから始まります。具体的には、第一印象や目の奥の恐れを見ます。人には、ストレスがかかったときに自然に発している、エネルギーの出方があるのです。
すごく恐れている人と、恐れが感じられない人の違いは、なんとなくわかりませんか？

保江　わかりますね。例えば、僕はどんなふうなのでしょう。

愛　先生を見るのに難しいのは、統合がとても進んでいるのです。

保江　本当ですか？　褒め言葉として捉えていいですよね。

愛　先生は、瞬時には恐れのエネルギーがほとんど感じられない……、それが、すごくやりづらいのですよ。

恐れが多くて不健全な状態の人のほうが、タイプの鑑定はしやすいのですが、先生はそれがないのですからね。

まずセッションでは、「もともとはどのタイプなのか？」から始めます。基本的にメインとウイングのタイプは、一生変わらないからですね。

そして今、人生の地図のどの辺りにいるかも検証していきます。

エニアグラムで大解剖！「保江邦夫博士の本質」とは

愛　保江先生を丸裸にするにあたって、昔、まだまだ未熟だった頃のご自身を思い浮かべていただくところからスタートしたいのですが、よろしいですか？
以前は、すごく腹が立ったときとか、本当に感情が揺さぶられたりしたときには、どういう行動に出やすかったですか？

保江　今の僕は、昔から見ると、ずいぶん変わっています。

愛　ですよね。

保江　すごく変わっていますよ。昔はこんな感じではありませんでした。
けっこう怒りを外に出して、しかもそれを周りにぶつけるタイプだったのです。
今は、絶対にそんなことはありません。
好きなものに関しては特にこれといった感情は生まれないのですが、自分の嫌いなものに対しては、怒りをぶつけていました。
こいつは嫌いと決めたらもう嫌い。例えば、野菜は嫌いと決めたらとにかく嫌いという。

愛　敵味方というような。

保江　そう、敵味方の感覚に近い。非常にはっきりしていますね。

愛　それが人であれば、もうその人に嫌われても別にどうでもいいという。

保江　もう、無視します。存在していないかのように、そいつが自分の宇宙にはいないかのように。

愛　相手に嫌われても平気で、怒りをぶつける。自分の宇宙にはいないという感覚を持っていたということは、その時点で9つのタイプの内、「1、2、4、5、6、9はないな」と消去法で絞っていくんです。これらではないというのは、絶対的にわかりますから。

保江　それでわかるのですか。

愛　大きく分けると、怒ったときに怒りを外に出す攻撃タイプと、内にこもって黙ってシャットダウンし、絶対に相手にぶつけない遊離タイプがあります。

それから、見た目にはニコニコしているのだけれども、中に怒りをため、極まったらぶつけるという追従タイプもあり、全部で3つのグループに分かれます。（72ページの図参照）

保江　そんなにタイプがあるのですね。

愛　攻撃タイプ（3、7、8）、遊離タイプ（4、5、9）、追従タイプ（1、2、6）という3つのタイプです。

この時点で、保江先生は絶対に遊離と追従ではありません。怒りを外に出すということですから。

この9つの内、攻撃的になるのは、3か7か8しかないので、この時点で保江先生は、3か7か8のタイプのどれかになるのです。

そして先ほど、この円の上の数字の内、必ず隣り合う二つのタイプを合わせ持つという法則をお伝えしましたよね。

もし3だったら、右隣の2は追従で「愛情を持って助ける人」、左隣の4は遊離で「独自の世界を持つ個性的な人」。

遊離の不健全なエネルギーは、ふっと消えていくような儚《はかな》さを持つ独特なものです。これは、保江先生には全く当てはまりません。

2は愛ですが、これは持つことも可能ですよね。

保江　もちろん。

愛　けれども先生は、「嫌いな人は嫌い」というスタンスだとおっしゃいました。ということは、誰にでもニコニコして合わせるタイプ2の追従タイプではありません。するると、メインが3ではないと判断して消去しますから、もうこの時点で8w7（7w8）だろうなと見当がつくのです。

18タイプの中でも、実は一番わかりやすいタイプともいえますが、先生ご自身はおそらく、心の恐れや囚われについては、あまりおわかりにならないかもしれません。

保江　自分ではわかりにくいということですか？

愛　９つの中で８ｗ７（７ｗ８）だけが、自分の心にあまり葛藤がない人なのです。

保江　当たっていますよ。葛藤はないですね。

愛　ですから、葛藤のある人についてや心理学なども、よくわからない部分があるのです。

保江　確かに。葛藤するということが、理解しづらいです。

愛　８ｗ７（７ｗ８）のほうが、逆に特殊なのです。心の中にもちろん恐れは持っていますが、相反する要素の恐れを待ち合わせていないのです。

だからこそ、思ったことを相手にはっきり伝えたり、やりたいことを躊躇なく実行できるし、アグレッシブにたくさんの経験ができます。

ただ、自分の葛藤が少ない分、人の心理がわかりにくいかもしれません。

エニアグラムも、もしかしたらよくわからないと思います。

保江　だから難しいと感じたのですね。

愛　それもあると思います。

保江　昔から、人の心理がわからないほうです。

そもそも人が、「気持ち」というものを持っているということも、あまり腑に落ちていません。

これまでも、女性に言われ続けてきました。

「あなたは、私の気持ちが全然わかっていない」と。

お付き合いしたほぼ全員に言われてきたのですが、それを言わなかった女性は、僕の秘書をしてくれた7人だけです。

なぜなら秘書たちは、僕に気持ちをわかってほしいとも思っていませんから。そういうのを超えた関係なのです。

しかし、恋愛関係のような近しくなる女性のほぼ全員から、

「あなたはちっともわかっていない。きっと、一生わからないだろう」と言われてきました。

愛　でも、しょうがないですよね。

保江　しょうがない。

愛　しょうがないです。性質からして、そうなのですから。

保江　今ものすごく、安心しました。

愛　大丈夫ですよ。

保江　8w7だからなんですね。

愛　8w7だからです。どちらがメインになるかは、相手によって変わったり、仕事や恋愛などで変わったり、シチュエーションによって出る面が変化します。
どちらのタイプの面が出てくるかなのですが、それはカフェオレのコーヒーと牛乳の割合のようなもので、人それぞれでグラデーションになっています。

保江　８w７って、どんなタイプでしたか？

愛　７の好奇心で動く楽天家（攻撃）と、８の自己主張で統率する人（攻撃）ですね。いかがでしょうか。

もしかしたら、両親が共働きであったり、幼少期に一人で過ごす時間が多くて、深く考えるのが怖かったとか、一人でいるのがなんだか怖かったということがあったのでしょうか。

保江　僕には、母親がいませんでしたから。

愛　そうですか。

保江　物心ついたときから、母はいませんでした。

お婆ちゃんに育ててもらいましたが、お婆ちゃんも畑で働いていて、父も仕事で深夜まで帰ってきませんから、夜は昔ながらの広い日本家屋の座敷みたいなところで、一人で寝かされていましたね。

愛　その中で、一人遊びは上手になりましたが、退屈が怖かったのではないですか？ですから、大人になってから目一杯に予定を入れたり、多くの友人や女性と付き合ったりしませんでしたか。

保江　そのとおりです。見てください、この僕のスケジュール帳を。予定を入れまくって真っ黒です。

愛　タイプ7、好奇心で動く楽天家ですね。楽しめず退屈で、自由を奪われることを恐れます。健全の場合は、フットワーク軽く熱中して、コミュニケーション能力が高いです。

保江　すごく当てはまります。

この手帳でも、これから先の1ヶ月は予定がパンパンですよね。……一人で暇になると怖いのです。

愛　そうでしょうね。でもそれでは、なんだか深くは楽しめないですね。
もうひとつのタイプ8。自己主張で統率する、これもまさに先生に当てはまるタイプです
ね。7も8も、どちらも攻撃型なのですから。
逆にいうと、弱いと思われたり、支配されるのが怖いのです。
だから、好き嫌いをはっきりするのですね。

保江　武術をやったりすることもその表れですか。

愛　そうそう。自分のテリトリーを大事にする。
例えば、「この人は守る」と決めた人は守りますが、敵となったらとことん攻撃するという。

保江　そのとおりです。
僕は楽しくしていたいし、退屈したくないのです。やっぱり7、8ですね。

愛　こういうふうな質問をすれば、このように返ってくる、ということが、タイプによってほぼ決まっています。

親がこのようだったというのも、たいがい決まっています。

親のストレスタイプとエネルギーの出方や、幼少期からの親との関係を聞けば、6〜7割でタイプの典型に当てはまります。

あとはご自身のストレス時のエネルギーや行動への出方を見たり、現状の悩みを聞いて深堀りすると、何を恐れているのかという囚われのパターンが見えてきます。いろいろな要素が含まれて、プロファイリング的に鑑定していくのです。

保江　親不在の人はだいたい、7、8ですか。

愛　そうではありません。

例えば、親不在という同じ環境でも、そのときに感じた欠乏感や恐れは、人により違うのです。親が不在であることを、「自分は両親から捨てられたのだ。私は生まれてこなければよかった」と認識して、愛への疑いを根源的な恐れに持つタイプもあります。

そうなると、タイプ5、知識と情報を求める探究の人になります。

「親に愛されていない私は空虚で無能である」という囚われから、その空虚感を埋めるために、知識や情報をたくさん溜め込みます。愛への疑いから、情報を疑い、人を疑い、最たるものは自分自身をも疑います。

おそらく、先生は探究というよりは、好奇心が強い。無能という恐れにも程遠かったのではないかなと思うので、親不在の場合でも7か8なのですよ。

逆に、親と仲がいい場合でも、また違う恐れが生まれてきます。ですから、どの環境に生まれても、タイプは違えど恐れを平等に持っているのです。

根本の「囚われ」が持つ側面――「健全」と「不健全」とは?

愛　先生のタイプ8w7の状態が不健全である場合、8の不健全は、だいたいドラえもんに出てくるジャイアンみたいになります。
普段は、映画の中のジャイアンのように、めちゃくちゃ器が広くて頼り甲斐があっていい人なのに、不健全になると急に偉ぶってみたり、「お前はこうしろ」と命令して恐怖で人を支配する。

そして、7の不健全が出ると、お酒や買い物など何かしらの快楽的なことに刹那的に依存してしまう傾向があります。

不健全な状態が続くと、成長の反対方向へ退化します。この動きは統合のプロセスの反対で、「分裂」といいます。成長の方向の矢印が、全て逆向きになります。

8は不健全が極まると5に分裂して、タイプ5の不健全な面が出ます。頑固で疑い深く冷淡になります。（88ページの図参照）

7は不健全が極まると、タイプ1の完璧主義者へと分裂します。普段は楽観的で細かいことは「まあいっか」と気にしないのに、口うるさく批判的になったり、イライラとして小言が多くなります。

8は、健全であれば自分の強さを自覚し、自分を信頼することができると、強いリーダーシップが発揮されていきます。他者に支配されたり、コントロールされる恐れから解放されるのです。（87ページの図参照）

すると、タイプ2の健全な面が出てきて統合し、大きな度量と深い愛で人を助ける真の英雄になり、愛で助ける人の要素が加わります。もしかしたら先生はこのあたりで、『愛の宇宙方程式』(風雲舎)などを書かれたのかもしれませんが。

それまでのことを、おそらく悔やまれたのでしょうか。それで、愛のほうに行ったのですね。

保江　そうですね、愛に行きました。

愛　もともとタイプ7も8も、自己愛は強いです。ですので、始めのステージでは、愛というのが何なのかということ、愛を他者に向けることを学び理解する体験をします。

それができてくると、タイプ2の無償の愛のステージです。

タイプ8の統合は、自己愛と他者愛というバランスがちゃんと取れて、調和していくということなのです。

タイプ7は、好奇心はありますが、落ち着きがなく飽き性で深く探求することは苦手です。ですが、自分が興味を持ったことをとことん追求してその道のスペシャリストになることで、タイプ5の物事を深く探求できる落ち着きと調和して、人生に深みが増し統合します。

例えば、先生の場合、タイプ7から出発した矢印は、7の（ご自身の好奇心に従って）、タイプ5（興味のあったことをとにかく探求しまくり）から、タイプ8へ（その専門知識や情報をアウトプットしてリーダーとなり）、タイプ2へ（多くの人を幸せに導く）、タイプ4へ（そうすると個性が際立って変人になってくる）。（86ページの図参照）

タイプ1の完璧主義は、もともとタイプ7が楽観主義なので陥らずにヒョイッと乗り越えて、また元の7へと戻って一周するんです。

このときには、魂のレベルが上がるというか一皮剝けた感じで次元が違っています。

保江　これは確かに僕ですね。

愛　心の動き、人生と重なっていますか。

保江　人生、そのとおりです。

愛　そうなのです。私も、自分の心の動きや人生の流れがこの図のとおりになっていると理解して、愕然となりました。

保江　この統合や分裂の矢印の方向というのは、やはりエニアグラムで決まっているのですね。

愛　はい。法なのです。
円の中に配置された正三角形は、みろく、3、6、9という数字でつながっています。他は、1、4、2、8、5、7という数字でつながっていますね。

保江　そうですね。

愛　1、4、2、8、5、7。これは、『7』の倍数以外のどんな数でも7で割ると必ず小数点以下には『1―4―2―8―5―7』という数が並ぶという循環数といわれる配列で、エニアグラムの図の変形六角形の頂点を結んだ並びは、実はこの循環数と同じ並びになっているんです。

例）1÷7＝0.142857142857…

この1→4→2→8→5→7という順番は、自己成長の方向ではなく退化する【分裂】の方向で、逆に、7→5→8→2→4→1という順番は、進化成長の【統合】の方向を示します。

この循環数に出てこない数……、3―6―9を結んだ正三角形がエニアグラムのもう一つの図形になります。

保江　実数と虚数ということですか。

愛　そうですね。目に見える数字（1、4、2、8、5、7）と見えない数字（3、6、9）、これは、私の感覚ですが、1、4、2、8、5、7のタイプの人は、目に見える現実的なことを土台にして、しっかりと地球の体験を目的としているイメージがあります。次のタイプへの統合のハードルは低いですが、統合のポイント箇所が小刻みにあって、ちょこちょこ回るというか。

でも、見てください。逆に、3、6、9の人はこの3つしかポイントがないですよね。

保江　本当ですね。

愛　３、６、９のタイプは、この３つのポイントのみで統合するのですが、１、４、２、８、５、７に比べて統合のハードルが高く、なかなか難しいと言われています。

それは、３、６、９の根源的恐れが根深かったり、本人が気付きにくいというのもあるのですが、解放を進め統合することができれば、人格が大きく変わるとか人生が激変するような革命的な成長体験になるのです。

そういった少し難易度の高い統合プログラムを計画してきた人と、ちょこちょこと課題をクリアしていくプログラムを組んでいる人がいるようです。

人生がもし自分で設定したゲームだとしたら、ゲームをする前にどんなトラップを仕掛けて、どんな難易度にしようかと選べるんじゃないかなと思います。

でも、私たちはこのゲームのトラップや設定について、地球に生まれ落ちたときには完全に忘れています。だって、ゲームの全ての攻略法を始めから知っていたら、面白くないですしね。

保江　やっとわかりました。
難しいですし、そう簡単には理解が及ばないとは思いますが、なるほどと合点がいきました。自分のことに照らし合わせてみたら、具体的にわかりましたよ。

愛　この図の中で、今、自分がどこにいるかということも、俯瞰してみれば自分でわかるようになります。先生は、人生の中ですでに全てのタイプのステージを体験されて、そのエッセンスを調和させて、ぐるっと一周されている感じですね。

保江　回っていますね。

愛　おそらく先生は、ご自身の専門分野では、7から5にいったあたりでたくさんの本を書かれたのではないでしょうか。
そうしてその専門知識で5から8のリーダー的なところにいき、次の2の愛で助けるというところに成長されて、という具合にぐるぐる回るのです。

保江　しかもそれが長いスパンでも回っていますし、わりと短い1ヶ月くらいでも回っているのですね。

愛　そうなのです！　先生さすが！　わかりが早くていらっしゃる。この心の動きは、1日の中でもありますし、もちろん人生の中でもそうです。メインの矢印もサブの矢印も、動くのです。

保江　それが、いっぱいあるということですよね。

愛　そうなのです、いっぱいあるのです。

保江　特に、スケジュール帳を見るとよくわかります。

例えば、ちょっと暇になったときに、何かするとします。そのときにすることが、このエニアグラムの表でわかります。エニアグラムの健全・不健全の状態の中に、僕が暇になったときにする行動が、タイプ7、8の言動に当てはまっているのです。

次にやりたいことは矢印で次に来るものであって、それも当たっています。

愛　本当に当てはまります。ですから、エニアグラムで示された地図を見ながら、恐れずに行くだけなのです。自分の状態が不健全に陥っていたら気づいて、健全の状態へ意識的に戻って行くだけでいいのです。

保江　このエニアグラムの法はまさに、仏様の手のひらのようですね。我々は、手のひらの上であっちに行ったりこっちに来たりしている孫悟空のようなものです。

愛　私はこのエニアグラムを知って、とても楽になれました。なかなかクリアできなかったゲームの攻略法を手に入れたみたいな。

統合というのは、そのタイプの健全さを保つことで、成長の矢印の先のタイプに自然と向かって、良い面が出てくるという法則でしたよね。

でもとても面白いことに、唯一、タイプ4だけは次のタイプの1へは向かってはいけないいという法則があります。なんと、4の統合は、次の1を飛び越えて、7を目指していかないと、なかなかクリアできないという特別な罠が仕掛けられているんですよ。

なのでタイプ4は、1に向かったらうまく統合できないのです。他タイプの統合だったら、4の次は1だから、そこへ向かっていいはずなのに……。

誰にもわかるはずがない、いじわる問題並みの仕掛けです。

保江　4からは、1をすっ飛ばして7に向かわないといけないのですね。

愛　私を含めて、タイプ4は、アーティストや独自の世界観を持つ個性的な人が多いです。さまざまな自己表現で、作品やアートなどを生み出しますけれども、もともと繊細でガラスのハートを持っています。ですから、囚われていってしまうと、「自分の表現には全く個性がないし、きっと理解されない。受け入れてもらえない」というような強烈な自己否定の気持ちに苛《さいな》まれてしまい、勝手に落ち込みます。

そうすると、「こんなの全部駄作だ。誰も理解者がいない」と感じて孤独になり、自己陶酔して悲劇のヒロインになってしまうのです。

アーティストや個性的な方の中には、精神的に落ち込むとドラッグに走ったり自殺してしまったりする方がいらっしゃいますよね。そこまではいかなくても、引きこもりや鬱になってしまったり、整形を繰り返すこともあります。自殺した有名なアーティストや、例えば精神的に病んでいたといわれるマイケル・ジャクソンなどは、みんなタイプ4なのです。

なぜ自殺してしまうのかというと、次へと統合しようとしたときに、トラップにはまると1に向かってしまいます。通常だと次のタイプの健全な面が出るのですが、ここだけはタイプ1の完璧主義へ向かうことで不健全が出て、さらに苦しんでしまうのです。

自分が理解されない恐れをやっと手放して、表現しても表現しても、なかなか完璧にはならないと。

保江　ストイックな完璧主義者。なるほど。

愛　完璧な自分らしさを表現しようとするたびに、正しさとか完璧という囚われに陥って、統合に失敗します。失敗すると4に分裂して戻り、さらに自己否定が増す……というように、人生の中で繰り返すのですね。

そして分裂したときには、前よりタイプ4の恐れの不健全さが増して、さらに深く堕ちていく。これが、この4のタイプの人の自殺率の高さの要因なのです。私を含めてLGBTQも、4の人が多いですね。

保江　なるほど。

愛　この法則を初めから知っていれば、1を目指さないで7に向かい、自己表現や個性自体を丸ごと自分らしさとして楽しめますよね……、表現するだけで完了する、というように。

そういうふうになれれば、一つのゲームをクリアして楽しく自分らしさを表現することができるのですけれど。

でも現実は、ほとんどの人がこの法則を知らないので、クリアしにくいのです。これが9つのタイプの中でも特殊なタイプ4の統合のプロセスです。

さすが、独自の世界を持つ個性的な人は、統合もちょっとユニークです。

保江　確かに、僕は7ね。

愛　タイプ7は「正しい」ほうじゃなくて、「楽しむ」という選択がもともと得意な方ですから、正しさの囚われにはハマりにくいですね。

保江　そのとおり。

愛　そんなことが、この図だけでわかるのです。

保江　今の説明を僕に当てはめてみると、なるほどなと思いますね。すごいなぁ。これがギリシャ時代に……、やはり、お釈迦様ともつながりがあるかもしれませんね。

愛　宇宙人から情報を得たのか、その人たちがもともと宇宙人由来なのかはわからないのですが。

保江　絶対宇宙人が関係していそうですよね。

宇宙人と思えるお釈迦様も、同じ時期にインドで悟りを得たのですから。

真実は、見出した誰か一人がいたとして、そこから遠く、全く接点のないようなところでも、別の人が理解しているものなのです。


愛　それ、思いました。

この前、インスタグラムで市村よしなりさんという方を見たのです。

この方はご自身をスターシード（＊地球以外の惑星や銀河などから、惑星の魂をサポートするために生まれた魂を持つ人のこと）だと言っているのですね。

幼少期から宗教が身近にあったり、幼い頃から修行をされていたりと私と同じ境遇でとても親近感があったので、本を買ってみたら、エニアグラムの図に近いものが出ていたのです。

「やっぱりな」と思いました。

私と同じように、意識がマトリックスの中に囚われていることをわかっている人がいて、もう本を出されているんだと感動しました。

ただ、エニアグラムとは書いていなくて、図だけ載っていたのです。「弥勒の法則」として。

保江　「弥勒の法則」ですか。

愛　この方は、カウンセリング的には使われていなかったのですが。この世界のマトリックスから抜け出る方法や情報をＳＮＳで配信されています。

保江　例えば僕なら、エニアグラムで統合をしたとすると、さきほどの図でいくと８番でしたね。

愛　８番が統合すると、２に行くのです。

保江　２に。

愛　そうすると、他者愛となります。無償の愛といいますか。

保江　愛で人を助ける人ですね。だから僕は愛魂をやり始めたのでしょうね。

それから4に行き、独自の世界を持って、個性的に……、すごく心当たりがあります。普段から、「特別でいたい。普通は嫌」といつも思っています。「平凡を避ける」ということが、ちょっと囚われになっているかもしれませんね。

それで4から今度は1へ。そうしたら、ストイックな完璧主義者になります。完璧で公正で正解、正しく善でありたい。でもこのような時期は短いもので、7に飛んでいきます。

愛　1が短いのは、もともと先生がタイプ7、8ですから、元来そんなに正しくあることへの恐れが少ないのでストイックではないのですよ。だからそこは、ほぼ飛ばします。

保江　なるほど、飛ばします。すぐに7に行ってしまいます。

「楽しくいたい、退屈したくない」という思いが強いのですね。

愛　タイプ7は、自分のこれと思った分野で専門を追求したいという思いが強くなると、好奇心がいい意味で探究心に変わってタイプ5に向かいます。

保江　それで5に行くのですね。だから、理論物理学では成果が出せたのでしょうか。

愛　そうですね。そこでとても深く研究されて、論文を発表されていますよね。

保江　そうなのです。とても深く研究して、知識や思考に溺れるのです。それでまたぴょんと8に移動していって……。

愛　専門的な知識をアウトプットしてリーダーになり、その情報で人を引っ張るとリーダーというか……そこの分野の権威になるという感じですね。

保江　なるほど。

愛　それでまた一周戻ってこられて。これがずっと繰り返されるのです。そのたびに魂は成長し、次元が上がります。

保江　そうそう。まさに愛魂は8から2、愛で人を助けるというループです。

愛　メインもサブも成長や分裂を繰り返しながら、スッと成長しているのですよ。

保江　僕個人としては、短い周期・長い周期と、いろんなスパンで、常にぐるぐるしていますね。それが僕、保江邦夫のプロセスですね。

不幸な現実としては、これまで僕と関わってくる女性のパターンが、ちょっと難しいなという人が多いのです。執着の強い感じの。

愛　厳しめの人ですね。

保江　例えば、ピタッと時間どおりに帰ってくるとか。

愛　ちゃんととルールがある人、という感じでしょうか。

保江　そう、ルールがある人ですね。そのルールを、僕にも守ってほしいというのです。

愛　マイルールを守ってほしいという欲求が強い。

保江　そんなことは、僕にしたらどうでもいいのです。むしろ、「ルールなんか破るものだ」くらいに思っているものですから。

愛　そうですよね。

保江　僕と同じようなパターンの人が、なぜだかそばにはいないのです。違うパターンの人たちなので、「なんであなたはそうなの？」と理解できないのです。そういう人がなぜか、寄ってくるのですよね。

愛　そうですね。

保江　過去においてもそうでした。それは何か、理由があるのでしょうか。

愛　やはり、自分の魂の成長や学び、統合の方向性と合うようにでしょう。

魂にとってはこの世は体験と学びですから、統合するためには自分のことを打ち消してくれたり調和できるような、相反する人が目の前に来たりするのです。

その要素をちょっともらうことによって、統合がよりできていくのですね。

保江　なるほど……。でも、僕はちょっとノーサンキューですね。

愛　先生の場合でしたら、方向性が反対なのです。

相手はたぶん、タイプ1の人で、ルールで縛りたい、きちんとしっかりとして、正しくありたいという欲求を持っている人。

保江先生はタイプ7という、ルールに縛られたくない、自由でいたいという欲求を持っている人。

この1と7は、正しさと楽しさという正反対のベクトルを持つので、真逆なタイプですね。

本当は、タイプ1の人は7みたいな人を、嫌いなはずなのです。嫌いなはずなのに、でもなぜか好きになってしまうという。

なぜかというと1の人は、7の楽観性と調和すれば、間違いたくないという恐れから解放され、正しさの囚われから抜け出して、自分にも人にももっと寛容になり、人生を楽しめるようになるのです。でも、本人が気づかないとね。

保江　そこはこの宇宙の法、ダルマなのですね。

愛　そう、ダルマなのです。

愛すれば愛するほど、愛されようという欲求が高まり、失いたくないという恐れが出て執着してしまい、その結果、相手から愛されないという現実が起こることがありますね。

執着すればするほど逃げていく……、それも法則ともいえます。実際、タイプ1の人は、マイルールに縛られたストイックすぎる自分を、本当は解放したいのです。

なぜなら魂は、ストイックで苦しむより寛容でいるほうが本当は健全で、心地よい方向だからです。

今は、囚われているのですね。だからこそ、目の前の相手を変えようとして、不健全な状態になり、腹が立って自分の正しさを押し付けたり、相手を批判するのでしょう。

保江　相手にはメリットがありますけれど、こちらにはないですよね。

愛　そうですね。タイプ7からしたら、タイプ5のような感じになるほうがいいのです。縛られるよりは、落ち着いて探求するような人と一緒にいたほうが落ち着くのではないでしょうか。おそらく、そういうタイプのほうが付き合いやすいとは思います。

保江　実はそうなのですよね……。なのに、なぜか悲劇が起きてしまうという。

愛　7から始まった矢印はぐるっと回って7に帰ってくるまで、その一つ前が、1なのです。一周回ったら最終が1です。

その真逆の1を嫌いすぎるというのは、7の人も不健全な部分が実は出ているわけです。自由を奪われることについて恐れるあまり、意識しすぎている。人はもういつだって自由なのに、もっと自由でいたいと強く思いすぎているのです。

保江　つまり……。

愛　人と深く付き合うことが怖い。自由で楽しくいて縛られたくないという言い訳の陰で、人と深い関係性を構築したり、真剣になること、傷つくことを恐れている……そうした恐れを、根本に持っているのです。

保江　図星です。

愛　人と深く付き合ってしまうと自由がなくなってしまう、という恐れは、すなわち囚われなのです。

保江　囚われですね。

愛　本当は、深く付き合っても自由は奪われません。そういう人もたくさんいるのです。

保江　それはいますね。でも、たまたまなのか、自由を奪ってくるような人しか来ません。

愛　それはたまたまではなく、潜在意識の中に、奪われることや楽しめないことへの恐れが強く、自由を奪われたくないという欲求が強すぎるので……。

保江　逆説的に、引き寄せているのですね。それでそういう人ばっかりが来るのですか。

愛　自由を奪われるということや、楽しめないことへの恐れがクリアになったら、そういう人にはあまり出会わなくなってくるし、奪われているという感覚さえなくなります。

保江　じゃあ、僕がもう少し理解して、「もう今で充分自由なんだ。これ以上、この思いに執着はしない」ぐらいになれればいいわけですね。

自由がなくなるのを恐れないようにすれば、縛られることもなくなるという。

愛　もちろん、そうなります。

保江　エニアグラムは、そういうふうに使えるのですね。ただ、そう言われても、「本当にそうかな」と思ってしまいます。「いや、気を抜くと絡め取られて、結局は自由を奪われて縛られる。縛られ損だ」と。

愛　始めは怖いと思います。囚われているので、簡単に信じることができないのですね。

保江　はい、囚われています。

愛　少しずつ恐れを認知していくといいますか、自分がいかに自由を奪われることを恐れすぎているかということや、「本当に自由は奪われているのか？」、「それは事実か妄想か？」ということが客観的にわかってくれば、あまり怖くなくなっていくでしょう。

玉ねぎをちょっとずつめくるみたいな感じですね。真ん中の芯である「縛られたくないという恐れを手放せた自分」に向けて、すでに自由だということを思い出し、わかっている自分へ意識の状態を近づけていくということです。
思い込みや恐れが薄くなってくるにつれ、縛られずに遊びたいといういきすぎた欲求も、自然となくなってくるのです。

保江　そうなの。

愛　逆にそうなるのです。だってもうすでに、本当の自由ですから。

保江　要するに、囚われとは恐れなのですね。腑に落ちてきました。

愛　潜在意識で思っていることが表面化している。つまり恐れが多いと、その恐れが現実になるのです。

保江　恐れているから、実際にそうなっているのですね。

愛　恐れを現実へと映し出しています。目の前に起きている出来事を、まるで縛られて自由を奪われているかのように感じてしまうのです。それで、余計にまた非難されるんじゃないか、縛られるんじゃないかという恐れが湧きますね。

新しいパートナーができて大切にしていきたいし関係を深めたいのに、ちょっとした些細なことで、「また縛られてしまうんじゃないか」という気がしてくるのですね。縛られる状況が、匂ってくるのです。

それを予期感情といって、まだそうなってもいないのに、感情が不安な感覚を予期して知らせてくれるのです。なんだか、やばそうだと。

保江　わかります。それが多い自覚があります。

愛　それで匂ってきたら、ビビってすぐに逃げるでしょう。

それでまた違う女性に向いていくのですね。それでまた匂う、相手はもう少し親しくしようとしているだけなのに、距離をつめて追いかけてくるような気がしてしまう……、これが悪循環を生むのですね。

保江　よくわかります。確かに悪循環ですね。

愛　繰り返しているのは、それなのです。

保江　なるほど。

愛　実際に感じていらっしゃるでしょう。
最初の段階で誰が予期したかというと、それは保江先生ご自身なのですよ。

保江　そのとおりですね。

愛　この世界は自分が作っているのですから。思い込みのようなもので作られているではないですか。

保江　事実、そうですね。自分が作っているのです。

僕が思い込んで、恐れて、予期感情を感じているのです。

愛　その囚われの大元が、「退屈が怖い」「深く考えるのが怖い」「楽しいことだけしてネガティブに蓋をしたい」という恐れです。

子供の時に退屈したり、1人ぼっちでいた時に感じていた、空虚感や怖さから、今現在も自分のネガティブな感情や物事のネガティブな側面を感じたり見つめることが怖いのです。

その恐さを無意識に回避したり、埋めたいと思ってしまう。

保江　怖さを埋めたい……。

愛　でもそれは子供の頃の感情で、今の保江先生は別に一人でも大丈夫なはずですし、一人でいることに安心する自分もいるでしょう。本気で愛した誰かと深く付き合いたいかもしれないのに、昔のパターンの思いグセが出てしまうのです。

「今、どうありたいか？」が、本当は一番大切です。

保江　なるほど。僕が子供のときのままだったら縛られているのもよかったのですが、だんだんと統合されて独り立ちしてしまったという。

愛　そうです。

保江　だからもう、うっとうしくなってしまったと。

愛　そうですね。

保江　子供の頃にできた欠乏感のところに集まってきている女性というのが、縛るタイプだったのですね。

けれども僕はもう、自身で統合されていますから、そのタイプはうとましく感じる。もちろん、そのタイプの人の作用もあって統合させていただいた部分もあると思いますから、感謝しなくてはなりません。ただ、とにかく向こうは統合していないのですよ。

愛　向こうもこのような情報は知りませんから。

このタイプ1から7へ統合するのも、少し難しいのです。

というのも、タイプ1の人はやはり完璧主義というか、正しくありたいという思いが強く、リラックスして楽しむというのが難しいのです。

タイプ7の要素が出るのは、いきなり真逆のスタイルや別人になるようなものですから。

保江　僕の目から見たそういう女性は、常に頭がぐるぐる回って、考えているのです。

「そんなに何を考えているの？　いったん、力を抜いてボーッとしておきなさいよ」というぐらい、ああでもないこうでもないと考えて、人にも意見をするような人が多い。

愛　わかります。その人は、マイルールから外れるのが怖いのです。

先生みたいにルールから外れそうな人が、危なっかしくて見ていられないから意見するのだ、と見せかけつつ、実は自分の正しさやスタイルを脅《おびや》かされるのが怖いのですね。

それが正しいと思い込んでいるのです。そんな行為がむしろ自分自身を苦しめていることもわかっていません。

みんな、それぞれの恐れの中にいるのですね。

保江　そう、自分が自分を苦しめているのですよね。

それを解決するのに、こちらからスパッと切ってしまうのです。

今までは、僕の世界から排除しようと努力をしてきました。

それを、エニアグラムを学ぶことで変化させるということですね。

愛　先生の優しさなのですね。

もしその人がエニアグラムを知って変化できたら、「この人は、自分を楽にする人なんだな」と思えるようになるかもしれませんね。

保江　そういう女性は、愛さんのセミナーに送り込みましょうか。

愛　いいですね。そうしたら、「目の前の相手は魂の統合の相手で、もっとリラックスさせてくれるために出会っていますよ」と言えば、納得してくれるのではないでしょうか。

ただ、エニアグラムは相手を変えるツールではなく、自分の内側の自己改革に使うものです。

なぜなら、この世の創造主は自分だからです。相手を変えたり、正すことはできません。なので、ご本人が心を開き、自分を解放しようと決めない限りは、健全に効果を発揮しないかもしれません。でも、智慧として知るだけでも、お互いにかなり楽になりますね。

保江　愛さんに託すというのが、最も楽な最善策かもしれないですね。もはや、人生の初期の頃、例えば中学生くらいの頃に、このエニアグラムを教えるべきだと思いますね。

愛　それはいいですね。

保江　中学や高校でも、倫理社会という科目がありますけれども、あれではよくわからないですよ。

愛　差別はいけないとか、習いましたよね。

保江　あんなものをやるより、エニアグラムをやってくれたほうがよっぽどいいと思いますね。

「これは2500年前、西においてはギリシャの哲人たち、東においてはお釈迦様がほぼ同時に見出した宇宙の法則です」と言ってね。

愛　そうですね。

パート3　暗黙知でしか伝わらない唯一の真実

自分を見つめる禅の力——宗教廃止の中での選択肢

保江　こんな面白い話があるのです。

今の中華人民共和国は、共産主義ですから宗教を全部廃止しました。本当の意味の宗教までも、排斥しているのです。

唯物論的社会主義が共産主義ですから、神様がいてはいけない、だから、一切の宗教を否定しました。

神様がいるとは、絶対に思わせてはいけないのです。本当に宗教を否定して、仏教もイスラム教もキリスト教も、小規模な新興宗教もダメだとしているわけです。

ところが、禅宗だけはいいと。

愛　そうなんですよね。

保江　なぜなら禅宗は、修行して自分を見つめ自分を律すること。

つまり、どこにも神様や仏様が存在しないのです。

だから今の中国の習近平も、黄檗宗《おうばくしゅう》という禅宗を最も庇護しています。

その意味でも、この法、エニアグラムは宗教とは別物ですから、受け入れられやすいですよね。

ギリシャの哲学者が見出したものであり、これは宇宙の法であると言って押していくのがいいと思います。

お釈迦様も同じことをおっしゃっていたのではないかというのは、愛さんや僕がそう思っただけで表面には出ていない話です。

でも、もはや確信といっていいくらい、お釈迦様の悟りは、同じ宇宙の法なのです。

そうなるとますます、宇宙の法のエニアグラムをもっと広めていきたいですね。

誰もが幸せになるヒントをもらえるのですから。


「エニアグラムでは、『なぜ自分はそのような生き方をしているのか。どういう方向にそれを修正していけばいいのか』ということを容易に理解することができます。

周囲の人が、どのように自身の人生に関わっているかということまでもが、見事にわかります。

ギリシャ時代では司政官などの管理者が、これを使ってうまく世の中が回るようにしていました」

こういうふうに伝えれば、中国共産党でも受け入れますよ。中国共産党が受け入れるということは、日本においてもスムーズに広まりやすいということです。

愛　そうですよね。

保江　アメリカ人もヨーロッパ人も、カトリック信者・プロテスタント信者と言っていますが、特に若い人は教会には形だけで行く人すら稀《まれ》で、もはやほとんどの人は行きませんし、宗教としても信じてはいないのですよ。ほとんどが、神様なんかいるわけないと思っています。

ですから、このエニアグラムを宗教に置き換えるといいでしょうね。

今の日本では、公立の中学生や高校生への宗教教育はタブーです。

倫理という学科がありますが、あまり、社会を良くするように機能しているとも思えません。

その点、このエニアグラムなら、混沌としてトラブルばかりが目立つような人間社会や、それから人と人との付き合いの難しさなどを、きちんと説明してくれます。

それを利用すれば、人間関係も円滑になり、自分自身も本来の輝きを取り戻せるという。これからの日本の社会を健全に維持していくのであれば、やはり中学生、高校生には学んでもらいたいところです。

ギリシャ時代というのは素晴らしい哲学者や詩人が生まれ、宇宙についての様々な研究も進んでおり、他の時代の文明よりも際立っていました。その頃に使われていたものなのですからね。

愛　仏教禅宗では、達磨大師という僧侶を重要視していますよね。

達磨法師は、仏教の真髄といいますか、一番大事なことは禅だと言ったそうです。

禅定《ぜんじょう》（＊身体を安静に保ち，心静かに人間本来の姿を瞑想する修行法）をすることを基本としていました。

保江　壁に向かってね。

愛　そう、面壁九年《めんぺきくねん》（＊一つのことに忍耐強く専念して、やり遂げること）という言葉も、達磨大師に由来しています。

そして、物事の本質は、達磨大師が基本としたその禅にあります。

今までの日本の歴史の中で、禅は、政治には利用されてきませんでした。

仏教、特に日蓮宗などの宗教は、政治に利用されてきたという歴史があります。

禅だけが、政治などとは切り離され、争いの元ともなっていないのです。

なぜかというと、禅は自分と向き合うからなのですね。

日本の禅というのは、宗教の中でも唯一、争わない宗教と言われているのです。

日本の歴史の中では、日蓮が強くなって争ったりした時期もあるのですが、禅だけはずっと、ひっそりと、そこにあり続けているのです。

今やっと、禅が「マインドフルネス」（＊過去や未来ではなく、今、ここで起こっていることを体験し、ただ目の前のことに集中する状態）と呼び名を変えて、もてはやされるようになってきています。

スティーブ・ジョブズも、禅や、禅を今も大切にしている日本を、すごいと言っていたようです。

でも日本人だけが、あまり禅をわかっていないという印象です。

保江　意外にわかっていないですね。

愛　でも世界では今、「禅がすごい」ということになっている。

時代の流れとともに禅の素晴らしさをわかる人が増えていて、これからももっと増えるでしょう。

禅には種類が二つあり、それは瞑想と自問自答です。

今、ヨガやグラウンディング、アーシングなどといって、瞑想系は流行ってきていますが、自問自答はどちらかというと内観やコーチングに似ています。

自身の内側に向けて質問をし、答えて気づきを得ていくという。
自分が何を恐れ、何に囚われているのかがわからないと、悩みを根本的に解決することはできないのではと思っています。エニアグラムは、瞑想や禅問答するときのガイドにも使えますね。

保江　禅の目標としてよく言われる「悟りの境地に至る」とは、エニアグラムでいえば統合するということなのですね。

愛　そのとおりです。
心の中の恐れとしっかり向き合い、意識的に健全な意識状態を保つことで、不健全な欲求は手放していきます。でも、人間なので煩悩をゼロにするのは無理なのです。
そこを自分で俯瞰して見ながら、恐れが出てきたときには冷静に対処できるようにしていくことで、トランス状態から抜け出て、ニュートラルな意識状態になるのです。

保江　禅宗が政治に全く利用されていないというのは、禅の教えというものが、日本においては武人、侍たちの修行の中で、精神性を高めるために取り入れられていったからでしょうか。

例えば、小説になったりなどで人気が高い宮本武蔵ですが、武蔵は子供の頃、やんちゃで乱暴ばかりしていたそうです。

そこに、沢庵和尚という禅のお坊さんが現れて、武蔵を諭して……というふうに描かれています。

しかし実際は、沢庵和尚というのは柳生新陰流の柳生宗矩《むねのり》などに直接指導していた人物でもあったのです。武人が禅によって自分と向き合い、自問自答してある境地に至る、その境地こそが、真剣で殺し合うときに、重要となるところだったのですね。

その境地に至っていなければ負けるし、至っていれば絶対に負けないということなのです。

愛　なるほど……。

保江　愛さんは先ほど、相手の恐れがエネルギーとして見えるといわれていましたね。

愛　はい。こちらが純粋でクリアな状態でいればいるほど、相手の恐れや欲求といったエネルギーが浮き上がってきて、それを感じるのです。
「ああ、そこを恐れているのね」というような感覚ですね。

保江　そこですね。武術家がその境地に至っていると、相手がどうかかってきても大丈夫なのです。
その境地をどう呼ぶかは流派によって違いますが、「赤ん坊の心（赤心《せきしん》）でいるのが剣術の極意だ」と、はっきりとその流派の秘伝として書き残している秘伝書があります。
江戸時代中期に針谷夕雲《はりがやせきうん》によって創始された、夕雲流剣術の秘伝書、『夕雲流剣術書』です。
そこには、「当流の稽古においては初心から極意に至るまで、赤ん坊の心と所作とに基づいて修行するべし」と書いてあるのです。

愛　赤ん坊の心ですか。

保江　そういった流派もあるのですよ。

結局、沢庵和尚のような禅宗のお坊さんの教えが柳生宗矩に伝わり、それから他の武術家にも伝わり……、あるいは、自力で境地に至った方もいるでしょう。

その技術の一番の核心が、「愛魂」、つまり「合気」という日本の武術の奥義なのです。愛魂という技の境地に至ると、こちらは全く傷を負うこともなく、相手を傷つけることもなく、赤子を遊ばせるように捻《ひね》ることができます。

これは、僕もときどき体験することなのですが、いちいち相手がこう攻めてくる、するとこうなる、などと考えない状態、全くのニュートラルというか、無抵抗主義のような気持ちになるときがあります。

そういうときはなぜか、相手が無力になって崩れてしまうのですね。

そして、お互いに怪我はしませんし、相手もやられて喜んでいるという、そんな状況があるのです。

つまり、禅というもの、禅の悟りを開くということが、エニアグラムでいう統合なのでしょう。統合された人物ならば、近寄ってきた他の人が何を恐れているか、何を避けようとしているかがわかるという。
それは、理屈でわかるわけではありません。とにかく理屈抜きで、論理を超えたような叡智ですよね。

愛　確かに、頭で考えているわけではありませんよね。

保江　そう、頭で考えるということではないのです。
なぜだか理解できていなくても、とにかくわかるという。しかも、わかるということすら、意識していないわけです。

愛　セッションでは、わかりやすく伝えようとしますが、普段はそこに意識がいかないですね。

保江　自然にわかっている状態なのですね。
それからすると、僕はまだ統合が完成していないようですね。

愛　一つだけです。
自由を奪われるという恐れ、その囚われだけが少し残っている感じですね、先生は。

保江　なるほど、自由への欲求、それを奪われるという恐れ……。

愛　人生の最後の課題かもしれません。

保江　最後の統合のための、最後のステップですね。

愛　もうすでに自由なんだ、ということに気づくことです。

保江　すでに自由だと思って自由にしているつもりではいるのですが、それでもまだ恐れがあるのですね。

愛　あるのかもしれません。

保江　この自由を奪われたくないという恐れ……。

愛　自由を奪われたくないと思うということは、逆からいうと、まだ自由が足りないと思っているということなのですね。

保江　なるほど、確かにそうかもしれません。それが僕の最後の課題ですね。そこをクリアしたら……。

愛　本当の、「完全なる自由」です。

保江　「完全なる自由」……、いい言葉ですねぇ。標語としていいですよね。

愛　というのも、完全なる自由が7の前の最終の1なのです。それで完全なる自由になります。

完全なる自由とは、感覚なのです。本当の完全な自由なんてありませんから。心が完全に自由になるという意味です。それが自分でわかるという感じです。

保江　なるほど。

愛　7の人が欲しがるのは、完全なる自由なのです。

保江　それはおそらく、自分自身からの自由でもあるのですよね。そこがまだ得られていないところなのでしょう。

それでいろいろと引き寄せてしまうのでしょうね。

自分を完全なる自由として解放するように僕自身が方向づけたら、もう僕を縛ろうとするファクターはこの宇宙にはなくなりますよね。

愛　そうですね。

保江　でもそこで、僕はやはり、「いや現実には自由をはばむものがいるじゃないか」と、そういう恐れに囚われるわけですね。

愛　そうそう。

保江　まず自分で納得するといいますか、「本当にそうなんだ」と受け入れることですね。それは理解や信じるということよりも、自然にそうだと思えるといいのでしょうね。もう完全に自分は自由だと。

愛　自由というのも、奪われるというのも実際は幻という感じですけれどもね。私たちの本質は、そもそも全ての恐れを超越した、愛の塊であることを思い出すことです。

保江　お釈迦様が最後に解脱する、釈迦解脱。瞑想を妨げるために現れた悪魔、マーラがいましたね。幻などを見せたという。

愛　お釈迦様は幻だとわかっていましたよね。全てが幻なのです。

保江　そうか……！　なるほど、囚われそのものが幻だと。

僕は、自覚としても完全に自由ですし、完全なる自由の世界に身を置いていると思っています。

以前より昨日、さらには10分前よりも今、よりそうして思えているのです。その世界に浸っていられるように自問自答してみると、僕が創造するこの世界において、僕を縛ろうとする動きはもうないと。

本当に縛ってこないということを僕が確信すれば、自問に対する答えも出てきます。

それを少しずつ積み重ねることが、禅でいう面壁九年、九年間の自問自答ですね。

このように、自分自身を正しい方向に向けていくことで、少しずつ自身を縛るものが消えていく……、そんな世界に行ったら、僕はますますエニアグラムを確信できます。

エニアグラムはダルマであり、自分を統合していくことができるもの。

お釈迦様はそうして悟りを開かれ、解脱したということですか……、なるほど。お釈迦様は結婚して子供もいたのに、出家しましたよね。

愛　きれいな奥さんと子供がいてね。

保江　しかも、王子だったのに。

愛　退屈だったのでしょうか。

保江　何の不自由もないのに、家を出るわけです。それで、常に縛ろうとするものから逃れた。僕と同じような境遇があったのですね。

お釈迦様もやはり、8のタイプだったのでしょうか。

愛　私は、タイプ3w4あたりかなと推測しているのですが、実際お会いしていないのでなんともいえません。

でも、お釈迦様は奥さんに対して、異常にカッとするところがあったそうです。なぜそこまでやるのというぐらいに。少し攻撃が入るのかもしれませんね。

保江　そうなのです。

僕も一時、お釈迦様にはまって勉強したことがあります。ただ僕はひねくれているし、7、8で、さらに統合に至らずに5、2の間をうろうろしているような人間だから、普通のやり方は嫌なのです。

つまり、お釈迦様について知りたいからといって、普通の学び方は嫌だったわけです。

そこでどうしたかというと、ドイツのヤスパースという哲学者が釈迦について書いた本を手に入れました。

ヤスパースは、究極論理を突き詰めて世の中のことを理解しようとした人で、哲学者の中でも曖昧なことはいわない、生真面目なドイツ人でした。

僕は理論物理学者だから、以前はやはり物事をきちっと見るのがいいと考えていて、哲学者の中ではヤスパースが一番だと思っていました。

幸い、そのヤスパースが釈迦について、人間としてと同時に哲学者として捉え、釈迦の思想を書き残しています。

ヤスパースには、キリスト、孔子、様々なギリシャの哲人、もちろんお釈迦様などの偉大な思想家の考え方を、哲学者の目から見て記した書物が何巻もあります。その内の一巻がお釈迦様についてでしたので、入手して読みました。

そこには様々なエッセンスがありましたが、仏教はこういうことから生まれたのかと納得できる内容でした。

もちろん、人間としてのお釈迦様の経歴も紹介しています。

王子さまであり裕福で、美人の奥さんをもらって子供ももうけて、何不自由なく暮らしていたのに、嫌になって出家する。そこから何かを求めてこもったり、厳格なヨガをやってみたり、仙人について修行してみたり。

でも結局、求めるものが得られずに断食して、とうとうガリガリにやせ細ってしまいました。そして、スジャータという村の女の子がくれた牛乳を飲んだときに、

「中庸がいいんだ。無茶をしすぎたらいけない」と悟ったのです。

これは、自問自答の一環として体験しているわけです。子供も奥さんも捨て、一人で生きているうちに弟子も増えてきて、統合が進んで完璧になっていくのですが、最後のほうまで求めるものは完全には得られていなかったわけです。

そして最後に弟子を連れ、象に乗って奥さんのところに帰ります。そのとき、奥さんと子供はなんの恨み言もいわずに受け入れましたね。

それが美談として伝わり、さらにお釈迦様の教えが普及したわけです。

そこはもう、絵画では金色に描かれるような世界になっています。

家族のことはずっと放っていて、この世的な接点は持たないし、「ごめんね」と謝ったわけでもない。

それにも関わらず見事な終着点にたどり着き、奥さんも子供も「よかったよかった」と受け入れて、大団円になっているのです。

つまり、大団円というのは、このエニアグラムのように、統合の終着駅を描いているのです。だからお釈迦様の中では、この大団円が完成し、悟りを開いたことによって、自分の作った世界の一部であった、出家のときに置いてきた奥さんも子供も統合されたのです。

さっき僕がいったように、「自由になりたい、自由になるんだ」というあがきから解放されるには、お釈迦様のように自問自答しながらだんだんと統合に向かっていけば、縛ろうとしていた人も、僕の世界の中でだんだんと縛ってこない存在になるわけです。

その統合へ向かう間は、困ったちゃんは完全に放っておけばいい……、愛さんのところに送り込まなくてもおのずとそうなるのですね。

愛　なるんです。

保江　これが宇宙の法、ダルマ。

愛　そして統合が進むと、相手は実際に縛っていたわけではないということに気づくかもしれません。

例えば、ただ単に物事を明確にしたかっただけとか、自分の都合に関係するから、「その後はどうするの」などと聞いていただけかもしれません。

縛るという意図はなく。


保江　僕は恐れているから、本当は違う意図でいったような言葉も全部、縛ろうとしているように聞こえてくるわけですね……、なるほど。よくわかります。

それについては、エニアグラムを知らないときの僕でも、幸いだと思っていたことがありますす。僕にそういってくる人は、運良くといいますか忘れっぽく、しつこくはいわないものですから。

逆に、僕は絶対に忘れないから、嫌だなと思う言葉をいわれたことを、実はしつこく根に持っています。

ところが、僕を縛るような言動をした本人のほうは、僕が「やられた」と苦々しく思っていても、驚くくらいすぐに忘れているのです。

ポッと発したらもう終わり、言いたいことを言えばもうそれでスッキリ、という感じです。
その意味で、僕よりも偉いなと今、気づきました。

愛　たぶん、その人は1と9だったと思います。1と9のタイプの人は、1は自分が気になったことはパッと言うけれども、9の寝たら忘れるというパターンが出ているのです。

保江　そう、寝たら忘れますね。

愛　それは良かったですね。別に、執着していたわけではないかもしれないのです。

保江　つまり、1と9の人が、7と8の人と付き合おうとすると……。

愛　すると、そういう状況になりやすいですね。

保江　僕の統合が完全ではないから、僕の周りに1、9の人が多いわけですね。

愛　その可能性はありますね。

でも私は、この世界は自分が作り出しているものだと思っています。

だから、本当は相手も存在していないのかもしれません。

それこそ、フィクションの世界かもしれません。

保江　実はそうなのですよね。

だから、このエニアグラムを知らない段階では、僕の思考から消そう消そうとしていたわけです。消すことができれば、この僕が創造している世界からも消えてくれると思っていました。

愛　私たちの意識のもう一段上に、このエニアグラムを作った創造主がいるのです。その創造主が自分と同じだと理解できれば、もう相手はいなくなります。実際にいなくなるわけではありませんけれども、昇華していく。

保江　解消するという。

つまり、自分も創造主である……、完全なる創造主になるのが統合ですね。

禅でいえば、自問自答です。完全なる統合を目指すには、壁に向かえば十分なのです。

愛　そうです。私のところに送り込まなくてもいいと理解されたのは、自分の意識が変われば、外側の世界もそういうふうになるからなのです。

保江　達磨大師でも、九年かかりましたよね。

愛　でも達磨大師も、ここまではわからないままだったのではと思います。

保江　暗中模索の状態でしょうか。

愛　そうだったと思います。

お釈迦様も、最初はそうでしょう。だからあんなふうに、突然出ていかなくてはいけなかったわけです。

保江　そうですね。

愛　お釈迦様ほどの人だったから自分の囚われに気づけますが、そうでなければ相当気づきにくいと思います。

保江　今、こうして愛さんにエニアグラムのガイダンスを受けているからだんだんわかってきましたが、1度聞いただけではわからないですよ。

でも接しているうちに、だんだん何か体感的に会得するというか……、わかってくるのです。

愛　不思議ですよ、これは。

保江　2時間前までの僕よりも、今の僕のほうがエニアグラムの理解度が進んでいるからよりわかるわけです。このわかるというのは、「肌で感じる」というような「わかる」です。理屈としては、エニアグラムの表を見せて、「こうだよ」という説明ぐらいしかできないのは、2時間前も今も同じです。
でも、「わかる」という感覚が全く違うのです。

愛　よかった。先生は理解がすごく早いです。これはとてもすごいことです。

保江　このやり方を、愛さんによるエニアグラムの説明なしに、自然に会得したお釈迦様も本当に偉いですね。

愛　この図なしでできたなんて、すごいですよ。いかに囚われから自分を解放するかを追求して、自分に向き合い続けた。

保江　本当に、禅の教えそのものですね。

愛　苦しいでしょうね。ひたすら、自分の恐れとか、自分の内面に向き合っているわけですから。

保江　禅の「自分に向き合え」というのは、そういう意味だったのですね。単に、禅の教えの本などに書いてあることだけ見ていたら、ここには至らないですね。

愛　至らないでしょう。無理だと思います。ただ無になれといわれても、普通は雑念が出ます。

保江　そうです。雑念を払えといわれるほど、余計に雑念に囚われてしまう。

愛　ネガティブを手放せとかいわれてもね。

保江　そうなのです。今はもう、誰もわかっていない。失伝していますね。仏教においてはこのエニアグラム的ダルマ、法は失われて、ただ言葉だけが残って、それを誤解したままで続いている状態です。

愛　いわゆるスピリチュアルヒーラーたちが行っている統合も、私から見ればそれと一緒です。無になるとか、ネガティブを手放すとか言いますが。

でも、人の恐れのタイプによって、それこそ健全や不健全の状態はさまざまですので、ネガティブの内容が違えば、手放す手段も違うし、統合のプロセスも変わります。単に「手放すといっているだけでは無理でしょう」といいたいですね。

保江　そのとおりですね。

愛　自分の内側のネガティブがどのような性質のものかが具体的にわからず、モヤモヤした状態が解消されぬまま、「本来の自分に戻るために、ダイヤモンドの粒子が輝くようなイメージを持って……」というワークなどでブレイクスルーするのは、少し無理があると思うのです。

よっぽどイメージワークが得意な人だったら少しはできるかもしれませんが、多くの方は難しく感じるでしょうね。

保江　つまり、ネガティブを手放せといわれて、自分のネガティブはこれだと思って手放したつもりになっても、また他の怖いものが出てくるということですか。

手放したものがまた戻ってくるんじゃないかと不安になったり。

愛　それもありますが、そもそも、恐れは自分の命を守ってくれているものであり、完全にネガティブで悪なるものではないのです。恐れはこの世には必ずありますし、なくなることはありません。

全ては健全か不健全かの状態なのだから、完全さを求めたり、手放しに執着したり、手放せていない自分を責めたり、早く手放せないことに焦ったりすることこそが囚われであり、苦しみの種やジレンマになります。

保江　だから、今の禅は、メソッドとしては最悪になっていると思います。

そして、仏教では、霊能力、超能力、神通力的なものを発揮して、普通の人間を超えたような存在に自分を高めるとか、おかしな方向に行こうとしています。

本来の仏教は、超能力者になろうとするものではなく、悟りの境地というのは統合なのです。


そうしてお釈迦様や達磨大師が体現されたものを言葉にすれば、八正道《はっしょうどう》になると思います。

「正しく聞け、正しく見ろ、正しく行動しろ」

まさに、自分がどんな恐れも手放せていたら正しく聞こえ、正しく見え、正しく行動できます。


今、八正道を理解しようとしている人は、「どうやったら正しく見えるかな」、「どうやったら正しく聞こえるかな」などとヘタに考えて、努力してステップアップしたつもりになっている。でも、そんな自己満足ではどんどんドツボにはまります。

お釈迦様が見つけてくださった本質は統合であり、達磨大師がしていたこの自問自答は、本当は統合のための一番楽なメソッドだったわけです。

愛　それなんです。

保江　僕はそれを実践しなくてはいけない状況に追い込まれたときに、うまい具合にエニアグラムを駆使される愛さんに出会いました。これも、神様のおかげです。だから、この自問自答をして、「もはや自分はすでに自由である。自分を自由にするという最後の課題に向き合っている」ということを理解する。

今まではそんなことは知らず、ただあがいていただけでした。

僕の知り合いの男性に、円形脱毛症とか、体がうまく動かない、強迫神経症でひどい動悸がするとかで、医者にかかっていた人がいます。

体調の良いときは飲みに誘って、親身になって悩みを聞いてあげましたが、彼の言葉の端々に、奥さんに対する愚痴が出てくるのです。

そこまで嫌なら、なぜ離婚しないのと思いました。実際問題、同じ家にいながら料理も作ってくれないそうです。育ち盛りの子供たちのお弁当も作らないという。

愛　家庭内別居のような感じですね。よくある話です。

保江　そうです。知らない間に、お金だけどんどん使われている。

腹が立つけれども、いくら言っても変わらないというのです。

「そこまで嫌なら離婚したら」というと、

「でも子供への心理的影響とか考えたら」とか、煮えきらない返事が返ってくるわけです。

「まずは一度、離婚届けを市役所からもらって、切り出してごらん」というと、

「やってみます」といっていたのですが、それから1週間ぐらいして会うと、やけにスッとした顔になっていました。

どうしたのかと聞いたところ、市役所で離婚届をもらって、自分のところは書いたということでした。それだけでも、だいぶスッとしたわけです。

それで、「今夜、向こうに話す」というので、「頑張りなよ」といって別れました。

すると翌日、今までで一番いい声で電話がかかってきて、

「向こうもサインしたよ」と。彼がいうには、サインしてもらった瞬間、本当に世界がバラ色に見えたそうです。

愛　狂喜の世界になったのですね。

保江　それだけで劇的に変わったのです。

ハンコをもらっても、相手の新しい住まいが決まるまではしばらく一緒にいるわけですが、もう症状が出ない。脱毛症も心不全も、全部解消されたといいます。

実は、同居している彼の母親も、前から彼女が家庭内で一番のネックだと思っていたそうです。でも、大事な息子の嫁だからそんなことはいえません。

子供たちも、母親に対しての不満を父親にいったら父親がかわいそうだと気を使って、黙っていたそうです。

だから、お父さんが決意して行動した途端、みんな本当に輪になって喜んだと聞きました。

今は、彼の母親が張り切って料理を作り、彼も心配事がなくなって仕事がバリバリできて、あらゆることが改善したのです。

愛　その人はタイプ6でしょうか。あまり自分の気持ちを人にいえないようですね。

保江　きっとそうです。

愛　静かなタイプですか。

保江　僕とはよく喋ります。でも、一般的にはどちらかというと口下手かもしれません。

愛　みんなの前ではそうなるのでしょう。その方は、もしかしたら5、6の不健全の状態の人かもしれません。

6から9へと統合、つまりタイプ6が自分が作った恐怖の檻のカゴから飛び出して、穏やかで大丈夫だという平和なタイプ9に行くのはとても難しいといわれているのです。そうする勇気がないのですね。

保江　ああ、わかります。

愛　グチグチいうだけで、相手には言えず、支配から抜けられない人です。それにサブにタイプ５が入ると、きっとわかってはもらえないだろうと諦めて自分の感情や思いをなかなか伝えることができません。

健全な状態とつながり、勇気と自信を持って自分を信頼し、意見を素直に相手にいえるようになると、５は８に行き、６は９に向かい統合するのですけれどね。

６から９に変わるときは、そのお知り合いの方のような感じです。

「今まではいったい何だったんだろう」みたいな劇的な変化を遂げます。

そして、ものすごく心が平和になります。

保江　６から９になって、平和と調和のナチュラルな人になれたのですね。

愛　そうです。自分で作り出した恐れのカゴから出られたのです。本当はカゴもないし、鍵もかかっていませんでした。

保江　まさに、そんな感じがします。

つまり、エニアグラムでは、その人の転換、統合の現象がどうなるかがわかるわけですね。

愛　はい、わかります。先生からも、彼がとても変化したように見えているでしょう。6から9は本当に変わりますよ。

例えば、ずっと旦那さんの顔色を伺い、虐《しいた》げられていた専業主婦が夜逃げして、突然意気揚々と自分の人生を歩み出す場合があります。

そういう人も人生がガラッと変わりますが、変わる前には、支配から抜け出したいけれども支えを失うのは怖い。出たいけど、出られない。

それを怖がる自分がいたわけです。

たぶん、その方も同じだと思います。先生に後押しされて、勇気を取り戻し飛び出たことで9に行けたのです。

保江　後押ししたのがよかったのでしょうか。

愛　とてもよかったです。強引にでも、変化をもたらされた感じですから。

保江　僕は友達とはいえ他人事だから、好きにいえたというのもありますね。

愛　そうですね。
いずれにしても、そのぐらい体に支障が出ているということは、もう潮時なのですよ。手放すときですよというサインです。マックス不健全になっていたのでしょうから。

保江　確かに、不健全になっていました。

愛　支えを失う不安から、自分で人の傘下に入るけれど、反抗心を抱いてグチグチと恨み言をいうという、タイプ6や5の不健全さですね。

保江　なるほどね。

愛　そのお友達だけでなく、人は誰でも不健全になると、身体やいろんなところに支障が出ます。そして分裂し、さまざまな不調和が起きます。

エニアグラムと統計心理学、そして経験からのオリジナルメソッドとは

保江　愛さんが、会ったことのない僕の友達まで見事に見抜いてくれるところをみると、今何か問題があって困っている人たちは、愛さんのメソッドを学ぶべきですね。

愛さんは、エニアグラムや統計心理学をマスターして、自然に全ての物事を判別できるようになっている……、最も正しく、最も安全な解決法に導いてもらえますから。

このメソッドがあるとお知らせすることが今、悩みを抱えている人に対しての僕からの一番のプレゼントだと思います。

愛　ありがとうございます。

保江　僕自身についても、見事なまでに背後関係などを説明してくれましたね。

それまでは、ただただ嫌だなとか、また縛られたらどうしようとか考えるだけで、対処法があるなんて思えませんでした。

まず自分がすでに自由なんだということを自分に納得させる、体感させることを少しずつやっていくうちに、実際に僕が創造しているこの世界が変わっていく……、それが極まって僕が完全な創造主になれば、囚われも縛りもなくなるということを、理屈抜きで今の僕はわかっています。

なぜなら、エニアグラムというはっきりとした道具……、武器を得たからです。だからものすごく今、感謝しています。

愛　そこまでいわれますと恐れ多いです。

保江　この対談は、読者の皆様にエニアグラムや統計心理学のすごさを知らしめるということを超えています。

自分の問題をさらけ出すのは勇気のいることでしたが、解決の糸口を知り、すっかり問題なしにしていただけました。この感動を、できるだけ僕は表現したいと思います。

発育途中の子供たちにもぜひ学んでほしいですし。

だから、エニアグラムおよび統計心理学という二つの道具を駆使する愛さんが、この方法にどういう名前をつけるのか興味があります。

例えば、ユングの心理学は、ユング派の精神分析を主にして、日本では河合隼雄さんが取り入れて、臨床心理士という枠組みを作ってきたでしょう。

あれも初めは、集合無意識がどうとかいう、非常に怪しいスピリチュアル系のものだと思われていました。

でも、河合さんが、日本人では最初にユング研究所でユング派精神分析家の資格を取得して、教わった内容を日本に持ち帰り、京都大学で細々と広めていきました。

その頃は、「ユングの心理学なんかやったってなんの役にも立たない」という人がほとんどどだったのですが、河合さんはそれでも文化庁長官になったりして、だんだんとユング心理学というものが世の中に浸透していったのです。

そして今や、臨床心理士という肩書きが広く知られ、認められています。大きな病院には、決められた人数を置く必要があるというところにまでなったのです。

愛　そうですよね。

保江　僕はこの愛さんのメソッドも、そこまで行けると思うのです。逆に、そうならないと、日本は良くならないでしょう。

今はまだ出発点にいると思うのですが、これは本当に日本にとっても世界にとっても、いや宇宙にとっても重要なものです。

でも、「よし、やってやろう」なんていう強い意気込みはいらないと思います。今回のこの湯けむり対談から発して、ちゃんとうまい具合の流れに乗れて、見事に結実していくと思います。

僕が統合されて大団円に向かっていきつつあるからこそ、僕の宇宙、僕の世界では、とても重要になっています。

愛　認めていただけて嬉しいです。

保江　河合隼雄さんは、臨床心理士と呼ばれる人をどんどん養成し、制度として国に認めさせました。だから愛さんも、人を育成すればいいわけです。

愛　エニアグラムは、鈴木秀子さんというシスターがとても頑張っていらして、本もたくさん出されています。

保江　でも、僕は全然知りませんでした。

愛　このエニアグラムというメソッドはすごいのに、なぜ日本でほとんど知られていないのかわからないのですよね。

保江　日本人には、名前が覚えにくいのかもしれません。

愛　確かに、エニアグラムっていいづらいですね。

保江　愛さんはエニアグラムと統計心理学、それにこれまでの経験を活かしたオリジナルのメソッドを持っているのですから、なんでも自由にネーミングすればいいのです。

初めて知る人でも、腑に落ちる形に持っていければいいですね。

ただ、本を読んだだけで深いところまで理解するのはなかなか難しいでしょう。

愛　そうですね。話していく中で、自分に当てはまっていると、どんどん深く掘り下げることができるのです。

保江　話すというよりは、同じ空間にいることで、実は以心伝心でわかる部分がある。愛魂もそうです。

武術の奥義というのは禅の悟りと同じで、沢庵和尚が柳生宗矩を指導したように、結局、言葉とか体験の積み上げではないのです。

弟子が師匠について、以心伝心で受け取る、言葉の積み重ねの外にある何かなのです。

僕も、多くの出版社から武術の極意についての本を、20冊近く出しました。こうすればその境地に至るということを、そのときどきの僕のベストの理解で伝えようと書いたのですが、それを読んだ人たちがどう解釈しているかを聞いてみると、僕の考えていたのとは全然違うわけです。

愛　わかります。

保江　仏教もしかり。

お釈迦様がいい残したものを、最初の弟子たちが肌で感じとったりして、○○経と称して書き残していますね。華厳経とか般若心経などがそれです。

けれども、文字として書いた時点で、もうそれでしかない……、本当のところは伝わらないですよね。

真理というのは全て、そうだと思います。この法、ダルマというのは、真理ですから。

愛　ただ、それを学んでみたいと思っていただけるだけでもありがたいのです。

保江　それはできるでしょうね。

今回の湯けむり対談は、まさにそれです。この愛さんのメソッドで、これまでは全然解決できなかったこの保江邦夫の個人的な問題をえぐって、その本質を暴いて、どうやったらそれが解決に至るかを見事に本人に知らしめてくれた。

ただ、セミナーを受けただけだったら、今の僕の理解には至っていないと思います。

それでもこの本を読んでくださった人で、問題を本当に自分で解決したいと真に思っている人は、キリストの言葉にあるように、「(門を) 叩けよ、さらば開かれん」、ということで、まず愛さんの門を叩く必要がある。

エニアグラムを本だけで完全に習得するのは無理です。

愛　そうかもしれません。

保江　以心伝心で受け取れたものによって僕は解放され、大団円になって統合に向かう大きな一歩を踏み出すことができたわけです。

だから皆さんも、まずは愛さんの門を叩くこと。

暗黙知でしか伝わらない唯一の真実とは

保江　僕もなぜか愛魂というものができるようになったので、みんなに教えてあげたいけれども、なかなかうまくいかないのです。

今までにも千数百人という門人がいましたが、その中で本当に僕と同じぐらいのレベルになっているのは数人しかいません。

でもその数人に、何か特別なことを教えたわけではなく、みんなと同じように接しています。8、7という僕の性質からしてもね。

それと同じように、大勢の人が愛さんに接してこのメソッドを学ぼうとする中で、以心伝心でマスターできる人が出てくるはずです。

愛　私もそう思います。

保江　まずは、僕がやっているように公共の施設を借りてセミナーをするといいでしょう。
僕は最初、出身地の岡山で始めました。愛魂ができてきた頃、最初はなんとはなしに、「こんなふうにやればいいいんだよ」と伝え始めたのです。

ノートルダム清心女子大学で教鞭を執っていましたから、周りが女子大生ばかりでしょう。だから、「ちょっとこういうのに興味ない？」と聞いては何人かを集めて、畳の道場で女子大生だけとやっていました。

そうしたら、やはりできる子も出てきて、やはり愛魂はすごいなとわかりました。

その後、愛魂の一冊目の本を出しましたが、特に大きな反響があったわけではありません。ただ、なぜか不思議なことに、本屋にたまたま置かれていたその本を手に取る人が出てきました。

その中の一人から聞いた話ですが、べつに僕の本を読もうなんて思ってもいないし、別の人の本を買おうと思って本屋に行き、その本を棚から引っ張りだそうとしたら、その隣にさっていた僕の本のほうが落ちた。「あっ」と思って元に戻そうと拾い上げたら、たまたま開かれたページに、興味を惹かれることが書かれていたのだそうです。

それでなぜか、「これは行かなきゃ」と思って、関東の人でしたが岡山まで来たということでした。

こんなふうに、全国から人が集まり始めたのです。

その頃来た人の中に、僕に近い状態になって免許皆伝を出した人が何人かいて、それからどんどん人数が増えて、だんだんと有名になっていきました。

これが発端となって愛魂も広まってきているのですが、それも、本を出してからです。

最初の本を出したときには、岡山で女子大生相手に、毎週土曜日の午後、稽古をしていましたが、そこにいろいろな人たちが来るようになってきました。
女子大生を目当てに来たやつもいましたが（笑）、きちんと学ぼうという姿勢の人のほうが多く、結局それがよかったのです。
だから、同じようなやり方が楽だと思います。なんらかの方法で、直接、愛さんの指導を受けられようにするのです。
このメソッドは、愛さんとの間の暗黙知でしか伝わりません。

愛　暗黙知……、「言わずもがな」というやつですね。

保江　そうですね。柳川昌弘先生の『よくわかる法華経』（明窓出版）にも書いてあります。
暗黙知でしか伝わらないことが、唯一の真実だと。

愛　本当はそうですよね。

保江　気軽に考えていいのです。やっているうちにどんどん変わっていくものですから、準備万端整えて、なんてしなくていいです。

ただ、ダルマに沿っていればいい。あまり考えないことです。

理屈を学ぶのではなく、体験が大事です。同じ空間で、愛さんが実際にメソッドを使っている空間を共有することが一番なのです。その場にいないと伝わらないものがあるわけです。やってくる人たちの中には、暗黙知を徐々に体得し、その中には暗黙知が結実して愛さんの2代目になるような、次を担っていける人材が生まれるかもしれません。

僕が愛魂の道場を、岡山という田舎で細々とやり始めたのはとてもよかったのです。岡山までわざわざ、北海道、仙台、東京、九州などから来るということが、まずは高いハードルになっていますからね。そのハードルを超えるということ自体、やる気をより引き出し、覚悟を決めさせることになります。

愛　この統計心理学とエニアグラムを使ったメソッドをどのように組み立てようかと考えて

いたときに、奇跡的に京都でご縁をいただき、心理学の理論やカウンセリングのヒントを与えていただいた、『生きがいの創造』（ＰＨＰ研究所）の著者で元福島大学教授の飯田史彦先生も、同じことをおっしゃっていました。

先生は今、「光の学校」という無料のカウンセリング施設で多くの方を救っていらっしゃいます。人が本当に変わるためには、一人ひとりにそれぞれの手で扉を開けさせないといけないと学びました。

保江　関東から毎週参加していた人などは、稽古のために徹夜で車を走らせて来ていました。夜に出て、夜どおし10時間かけて午前中に岡山に着きます。ゆったりした休憩所がある銭湯で、お風呂に入ってから仮眠します。

僕の道場はお昼の1時から6時までやっていましたから、1時に道場に来て稽古を始めて6時に終えて、また運転して帰るのです。すごい根性でしょう。

そうした修行ともいえる行動を自分に課しているおかげで、本気で取り組めて吸収するものも非常に多いと思います。

そうした、本気で空間を共有したいという人が続々と現れる気がします。

愛さんのメソッドは、人類の貴重な資産だと思います。特に、エニアグラムは面白い。とても役に立ちます。

愛　私もそう思います。この面白さに気づいたときには、歓喜の踊りをしていました。

保江　暗黙知が成立した瞬間です、歓喜に喜ぶのは。
暗黙知で得られたときというのは、本当にそういうものなのです。喜びのあまり、涙まで出ることもあります。

愛　私も泣きました。

保江　恋愛とか、友達や職場での人間関係についての問題は、今日教わったエニアグラムで充分に解決できると思います。
他、会社の経営者とか、これから事業を立ち上げようという人が、自身やスタッフに使って、組織運営にも活用できるでしょう。

愛　経営者自身もエニアグラムで統合して、個性を活かしたビジネスを展開し、従業員に対しても個性を伸ばしてあげたほうが、これからの時代はいいと思います。

経営者やリーダーの中の恐れなどが、結局、会社や社会にも反映するのです。

経営者や人を導くリーダーなどこれからの地球を担っていく人が、自分の内面を整えて変えていくことによって、会社も社会も地球も変わると思います。経営者はまず、エニアグラムで自身の囚われを理解することです。

人を変えることはできません。従業員の方々も、自ら統計心理学やエニアグラムに興味を持って、自分の手でマネージメントして活用する必要があるのです。

上手く組織を作るのでしたら、まずは統計学の方が向いていると思いますが、どちらから入ったとしても、自分の人生に活かせたらいいですね。

保江　なるほど、そうですね。

愛　経営者がエニアグラムを勉強し取り入れることによって、自分の成長の方向がわかるので、従業員に対してもっとニュートラルになれます。
従業員はそれを感じてより働きやすくなって、その上、個人の才能や特徴をわかってもらって会社が応援してくれたら、どんどん伸びると思うのです。

保江　そうして経営者も従業員も満足できる会社がどんどん増えて、世の中が明るく楽しくなるでしょうね。素晴らしいことです。

パート4　世界中に散らばる3000の宇宙人の魂

【対談2日目】

保江　愛さんと僕の、初めての出会いは京都でしたね。愛さんはお友達とお二人で、東大路仁王門付近で夜ご飯の場所を探していたときに、ふっと視野に入ったこじんまりとしたフレンチのお店に入ったとおっしゃっていました。

一方、僕もたまたまなのですがその店で一人で食事をしているところに、声をかけてくださったのですよね。

僕はすでに酔っ払っていたのですが、当時マイブームだった、ロズウェルに墜落したUFOに乗っていたエイリアンを、アメリカ軍に所属していた女性が尋問した記録を綴った本、『エイリアンインタビュー』（Lawrence R Spencer　Lulu.com）の話をしました。

そして、特に考えることもなく、美人を前にするといつもそうなのですが少し鼻の下を伸ばしつつ、

「どうもあなたは、宇宙人みたいな感じを受けるね。地球に囚われている宇宙人を解放する役目を担っていそうな人だと思う。カウンセラーをされているということだから、もっと大勢の人を元気にするために、本を出したらいいね」と話したのです。

思い立ったら即実行の僕ですから、出版社の社長さんを紹介しようとすぐに電話をしたけれども、その場では通じなかった。それで、その日はお開きにして、翌日にその社長さんから電話がかかってきたので、

「京都でちょっと興味深い女性に出会いました。その人の本を出したら面白いと思うのですが」といい、次の機会に紹介する約束をしました。

その後、しばらくして愛さんから、

「友達の出版記念パーティーが東京でありますから行きます」とメールがきました。

そこで、品川で3人で会って話をしたわけです。

どうせなら僕との対談本にして、その対談場所を、京都と東京の真ん中あたりで収録するのはどうかということになりました。それで僕が、伊豆半島の駿河湾沖にある富士山を望む露天風呂のある宿で対談を収録するのはどうかと、提案したのでしたね。

そこで、今回の収録は「湯けむり対談」と銘打ち、愛さんと女性社長さんという両手に花状態でここに来られることになったのです。

愛　保江先生と出会ったのが、初めて複数人を相手にセミナーをやってみようと思い始めた頃でした。

保江　愛さんとしても、転機になるような頃だったのですよね。

昨日この宿に来て1日目の収録をしたのですが、残念ながら天気があまり芳《かんば》しくなくて、富士山は頂上の辺りしか見えませんでしたが、いちおう、露天風呂と富士山を背景に写真を撮りました。愛さんも、ご自分のスマホで写真や動画を撮影していましたね。

そして本日、対談2日目のランチ後になりますが、午前中に、想像もしていなかったことが判明しました。

それは、我々は本質的なところで、実は宇宙人つながりだったということです。

しかもこれによって僕は、アシュターから与えられていた大きな使命（＊詳細は、『浅川嘉富・保江邦夫　令和弐年天命会談　金龍様最後の御神託と宇宙艦隊司令官アシュターの緊急指令』浅川嘉富氏との共著〈明窓出版〉を参照ください）を全てクリアして、晴れてあちらに戻ることができるとわかったのです。
その使命の一つ、「宇宙から地球にやってきて囚われている3000人の元の部下を解放する」ための最終兵器も手に入れました。

使命についてもう少しお話ししますが、『エイリアンインタビュー』によると、ロズウェルに墜落した宇宙人がもたらした情報がありました。宇宙には、彼らが旧帝国と呼んでいる星があり、その星の宇宙人たちが、地球上を流刑地にしていたといいます。まあ、刑務所のようなものです。

流されてきた中には、政治犯のように頭は良くても体制に従わない人もいれば、本当の凶悪犯罪者もいます。優秀な科学者でも、もう役目が終わったとされたような人などを送り込んでくる場所でした。他にも、DNAをいじって創ってはみたものの失敗作だった、という生き物も地球に放していました。

ですから地球には、人間以外の動物にもいろいろな生態系があり、それはたくさんの種類の生命体がいるのです。

ロズウェルで墜落した宇宙人の星の人たちは、旧帝国の流刑地とは知らずに地球にやってきて、まずはネパールの山の上に、3000人規模の前哨基地を造りました。目的は、この星の探索でした。

彼らは、旧帝国の影響が及んでいることを知らなかったし、調査が目的だったのでほとんど無防備だったところを、旧帝国の宇宙人に襲われてしまいました。

その宇宙人は、いわゆるグレーの形態でしたが、グレーというのは人造生命ロボットであり、人の体ではありません。本当の体は自身の星などに残していて、映画『アバター』のように魂だけが入っているのです。

その魂を旧帝国の宇宙人に抜かれて捕虜となって、地球の人間の体に無理やり入れられてしまっている人たちがいるのです。彼らは地球以外の宇宙にいた頃の記憶は消されて、普通の地球人として生活させられています。

その処理をされている宇宙人が、地球に3000人ほどいるそうで、ロズウェルで墜落した宇宙人の星の人たちは、いまだに彼らを救おうとしているのです。

3000の魂の行方はほぼわかっているのだそうですが、本人たちの記憶は消されているので、全くそうした意識はなく、今や、世界に散らばっています。

宇宙人にも、洗脳されて記憶を消されたその魂を、昔の状態に戻す方法がわからない。

旧帝国の連中が、３０００人を地球に縛り付けている間にも、流刑地である地球にはいろんな犯罪人がやってきました。彼らの魂が昔のことを思い出して元の星に戻っていかないようにするために、電気的なグリッドを張ったのだそうです。

それが、ピラミッドのキャップストーン（＊ピラミッドの頂点に最後に乗せる石）となっていて、モンゴル平原やアフリカ、エジプトのピラミッド、ネパールのヒマラヤなどにあるのです。

３０００人の宇宙人の魂と、地球に流刑された政治犯たちを洗脳した、火星のシドニア地区の地下にあった基地は破壊されました。旧帝国が持っていた前哨基地も、宇宙艦隊も、全部撃破されました。

ただ、今もそのバリアは地球上に張られており、いまだに宇宙人の魂は、地球人の体の中で自分は地球人だという認識で転生を繰り返しています。

僕は、もともとアンドロメダ星雲の星で発生した、ほとんど魂だけの肉体がない希薄な存在でした。それで、何かヘマをした……やってはいけないことをやってしまったようでした。

それで、心を改めるために、お隣のこの銀河系に流されてきたのです。

シリウスＡＢＣという三連星のＢの周回軌道上に、アンドロメダ系の人たちが運行している非常に大きい葉巻型ＵＦＯでやってきて、しばらくなんらかの仕事をしていたようですが、どうも僕は、そのＵＦＯ、宇宙艦隊の司令官だったようです。

その後、自分の部下３０００人ぐらいが、地球上で囚われてしまった……。

だから、その３０００人の部下を地球から解放しなくてはならない、というのが一つのミッションなのです。

そして、僕が『エイリアンインタビュー』に特別感銘を受けたのには、理由があります。

僕も、ロズウェルの墜落現場に行ったことがあるのです。そのときの様子は他の本でも書きましたが（『令和のエイリアン　公共電波に載せられないＵＦＯ・宇宙人ディスクロージャー』高野誠鮮《じょうせん》氏との共著　明窓出版）、とても面白い冒険でしたよ。

帰国して、あるときに、肥田式強健術を継いだという師範の男性が訪ねてこられたのです。新幹線で帰られる前に岡山駅の近くで少しの時間、飲んだのですが、彼が、

「この肥田式強健術を何十年もやっていると、だんだんと霊能力みたいなものもつくんです。実は私も、霊が見えるようになって」と話を始めました。人と会っているとき、その人の背後にいる守護霊や背後霊が見えるそうです。

そして、初めて会った僕の後ろにいる存在が、やはり見えたというのです。

「普通、背後にいるのはご先祖さんで、おばあちゃんとか、あとは可愛がっていた犬ぐらいなのに、あなたの背後にいるのは宇宙人でした。宇宙人の霊がついているのです」と。

彼自身、初めてのことだったのでびっくりして、その霊に聞いてみました。

「なぜあなたは、この人間についているの?」と。答えは、

「私はUFOのパイロットだった。飛んでいるときに、雷に打たれてコントロールできなくなり、パニック状態になってしまって墜落したのだ。

そのときに同僚の二人は死んでしまい、自分もその後、すぐに死んでしまった。それから自分の魂はその墜落地点から、ずっと離れられなかった。

あるとき、この男がやって来た。すぐに、『この人間についていれば、星に戻ることができる』と直感を得たのでずっとついている」だったと。

愛　IS-BE《イズビー》（＊全ての感覚ある存在は「不死でスピリチュアルである」とし、これをIS-BE（イズビー）と呼ぶ）が？　それは、意識体でしたよね。最後にボディのほうは死んでいましたね。

保江　そうです。それから20年ぐらい経って、愛さんに出会う直前に、ある初対面の男性が僕に『エイリアンインタビュー』をくれたのです。

普通なら人からいただいた本をすぐに読むことはあまりないのですが、なんだか惹かれるものがあって読んでみると驚きの内容で、

「これはたしか、僕に取り憑いているやつだ」と思ったのです。

愛　宇宙人の霊に憑かれているなんて、珍しいことですよね。

もちろん、その人の魂も、３０００人の内の一人として救わないといけませんね。

保江　そういうことです。

動画に写り込んだＵＦＯの乱舞と、法華経との奇跡的符合

保江　さて、今朝は、愛さんからのお勧めもあって、近くの滝に行こうということになりました。愛さんは、日本中の滝によく行かれるそうですね。

愛　はい、私は滝マニアで、見るだけでも癒やされますが、滝に打たれたりすることもあります。

滝壺の近くまで行くと、水のマイナスイオンが体をリフレッシュしてくれるのですね。

保江　そこですぐに行くことになったのが、浄蓮《じょうれん》の滝です。

僕は知らなかったのですが、石川さゆりさんの代表曲、「天城越え」の歌詞に出てくることもあって有名だという。確かに、旅館から車で浄蓮の滝に行く途中に、天城越えをしました。

滝の駐車場までは50分ぐらいで着きましたが、滝を見るスポットはかなり下のほうなので、10分ぐらい階段を下るという表示がありました。

僕は、「10分下るのは面倒だな。駐車場で待っていようかな」とも思ったのですが、やはり初めてきた観光スポットですし、下りならいいかと一緒に行くことにしました。

行ってみると、確かに日本滝百選の一つというのにふさわしい、素晴らしい滝でした。高さもありますし、絶景を見ることができました。

でも、行く気になったときには気づかなかったのですが、行きに下ったら帰りには上らなくてはいけない……、あたりまえではありますが、駐車場に戻るのに今度は上るわけです。

僕は喘息がちで咳がときどき出ることもあり、上りの中腹ぐらいで一休みしたくなりました。けれども女性たちの手前、弱音は吐けません。

だから、お二人が先に休みたいといってくれるのを待っていたのですが、疲れを見せずに上っています。

そこで、格好悪いけれど、もう自分からいうしかないなと思っていたら、上から観光客が

数人、下りてきました。その一団の最後にいらした女性がふっと僕を見て、

「保江先生ですよね」と声をかけてくれたのです。

ここ数年、各地に行くと声をかけてくださる方が少なからずいらっしゃいます。僕の本を読んだとか、ネットの動画を見たとか、講演会に来てくださっているとかおっしゃってくださる。

その女性のお顔には見覚えがあったのですが、僕が定期的に開いている横浜の講演会に何回か来てくださって、最前列に座っていたということでした。普通なら、

「こんなところで会えるのも何かのご縁ですね」とかいいつつそのまま失礼しますが、何かその女性は、普通ではない雰囲気を漂わせていました。

それに、なぜだか僕のほうからも、「それでは失礼します」というセリフが出なかったのです。

そのうちに彼女が、

「実は昨日、ＵＦＯが出てきて、動画の撮影もしたんです。ご覧になりますか」というので、

「ぜひ見せてください」とお願いしました。

それまでも、講演会の後とか偶然に出会った方に、「この映像、UFOだと思うのですが、見て確認してもらえませんか」といわれることがありましたが、そういう場合はたいてい時間がないので、「関係者にメールで送っておいてください。そうしたら僕に届くから、見てみます」ということが多いのです。

だからそのときも、同じようにいってもよかったのですが、なぜか見なくてはいけないという気になり、すぐに見せてもらいました。


その動画には、駿河湾越しに富士山が、雲間から2割ぐらい頭を出しているところが映っていました。そこに、UFOがヒュインヒュインと飛んでいるのがはっきりと見えていたのです。

さらに彼女がいうには、他にも海から白いUFOがブシューッと出てくる映像も撮れているとのことでした。

撮影したのは何時頃ですかと尋ねると、前日の夕方5時20分頃だとおっしゃる。

前日の5時20分頃といったら、我々もテラスに出て写真撮影をしていた時間だと思い当たったのです。

「でも、僕たちは見なかったですね」と彼女にいうと、

「私も、後でビデオ画面を見ていたら写っていることがわかったのです」とのことでした。

そこで、「できたらその画像を送ってください」と頼んで、名刺をお渡ししました。

その後、ランチをとるために駐車場の近くの喫茶店に入ると、愛さんが、

「私も動画を撮りましたが、同じ時間帯だったから、ひょっとして写っているかもしれない」と、自分のスマホで確認してくれました。すると、なんと同じものがちゃんと写っていたのですよね。

その女性は、前日はご家族と戸田に泊まり、今日は観光で浄蓮の滝に来て、僕にばったり出会ったといっていました。

戸田は、昨日、我々の旅館に来るときに三島駅から車を走らせた海沿いの道にあった、小さい漁港です。

そして、なぜか彼女が突然、日蓮宗の「南妙法蓮華経」をインドの梵語のような感じで発音し、

「この言葉は、『宇宙に帰依する』という意味らしいですよ」といいました。

僕は、昨日の対談の中で法華経も話題になっていたので、とても驚きました。法華経や日蓮の話をされるので、よくご存知だなと感心していたら、なんと彼女のご主人が日蓮宗のお坊様だった……、だから彼女は詳しかったわけです。

こんなにも偶然が重なって、しかもＵＦＯが愛さんのスマホの動画にも写っていたとわかりました。

つまり昨日、ここで我々の収録が始まったときには、富士山は全部の姿を見せてくれませんでしたが、我々が気づかなかっただけで、そこにはＵＦＯが乱舞していたのです。

そのことは、あの女性があのタイミングで浄蓮の滝に来て、僕に声をかけてくれなければわからなかったはずです。

愛　全てができ過ぎですね。

保江　この対談が決まったときには、単純に、温泉で収録ができればきっと楽しいという思いつきにすぎませんでした。

それが、昨日の段階でＵＦＯが乱舞してくれて、エイリアンたちが見守ってくれていることがわかりました。

こんなにすごい冒険はないです。本当にありがとうございます。

特に、同じＵＦＯを同じ時刻に、別々の場所から撮ったという映像は初めてです。これは大収穫です。

これが、僕の妄想で出現している世界の面白いところなのです。

地球脱出のキー、エニアグラムを手に入れて、ついに解放の時期がやってくる！

保江　ところで、振り返ってみると、僕はこれまでにたくさんの対談本を出してきました。

最初は、矢作直樹先生との対談本（『ありのままで生きる　天と人をつなぐ法則』マキノ出版）。

その次が、元裁判官の稲葉耶季《やすえ》さんと（『神と人をつなぐ宇宙の大法則　理論物理学vs仏教哲学』マキノ出版）。稲葉さんのお名前の耶季は、僕の名字の保江と発音は同じで、漢字が違います。実はキリスト教徒にとってその漢字の耶季は、イエスのことです。ヨシュアですね。

稲葉さんのお父様はプロテスタントの山手教会の牧師さんだったそうで、お父様がイエス様からとってその名前にしたそうです。

彼女は支持者がとても多い人権派の裁判官で、本当にいい方でしたが、つい数年前にお亡くなりになっています。

その後は、ドクタードルフィン氏と対談しました（『ＵＦＯエネルギーとＮＥＯチルドレンと高次元存在が教える～地球では誰も知らないこと～』明窓出版）。

僕の名誉母親として親しくさせていただいた、『置かれた場所で咲きなさい』という本で著名な渡辺和子シスターについては、対談ではなく、シスターがお亡くなりになった直後に追悼本を出しました（『置かれた場所で咲いた　渡辺和子シスターの生涯』マキノ出版）。

それから、山崎拓巳さん（『神さまにゾッコン愛される　夢中人の教え』明窓出版）。

そして、はせくらみゆきさん。はせくらさんとは2回対談をしましたし（『宇宙を味方につける　こころの神秘と量子のちから』明窓出版）（『愛と歓喜の数式「量子モナド理論」は完全調和への道』明窓出版）、他にも、矢作直樹先生も交えての鼎談もありました（『歓びの今を生きる　医学、物理学、霊学から観た　魂の来しかた行くすえ』明窓出版）。

僕と矢作先生と、アルカダイヤモンドの社長の迫恭一郎さんとの鼎談も出しました（『「からだ」という神様　新時代における心身の癒し方』ビオ・マガジン）。

催眠療法の萩原優先生（『ここまでわかった催眠の世界　裸の王様が教えるゾーンの入り方』明窓出版）、名古屋の医師でオキシトシンという愛情ホルモンを研究しておられる高橋徳先生（『薬もサプリも、もう要らない！　最強免疫力の愛情ホルモン「オキシトシン」は自分で増やせる!!』明窓出版）、愛知県のがん治療のクリニックの小林正学先生（『こんなにもあった！　医師が本音で探したがん治療　末期がんから生還した物理学者に聞くサバイバルの秘訣』明窓出版）、胎内記憶の池川明先生（『胎内記憶と量子脳理論でわかった！「光のベール」をまとった天才児をつくるたった一つの美習慣』明窓出版）、UFO研究でも有名なスーパー公務員の高野誠鮮さん（『令和のエイリアン　公共電波に載せられないUFO・

宇宙人ディスクロージャー』明窓出版）、矢追純一さん（『極上の人生を生き抜くには』明窓出版）、業捨の神原徹成先生（『業捨は空海の癒やし　法力による奇跡の治療』明窓出版）、マジシャンの響仁《ひびきじん》さんとBirdie《バーディー》さんとの鼎談（『時空を操るマジシャンたち—超能力と魔術の世界はひとつなのか　理論物理学者保江邦夫博士の検証』明窓出版）。

もうじき出版されますが、さとうみつろうさんとも対談をしています。

本当にたくさんの人と対談していますが、皆さんとても素晴らしい存在で、世に知っていただきたい活動をしている方ばかりです。そうした方々に、なぜかお引き合わせがあってお会いできる。

そんなことも、3000人を解放するときだからこそだと思うのです。

今まで僕が対談してきた人というのはみんな、3000人の中の上層部、立場的には少尉や中尉だった人かもしれません。

愛　皆さん、とても有名な方たちですね。

保江　その中で、女性は稲葉さん、はせくらさんに続いて愛さんが３人目です。

愛　私は本も出していないし、本当に無名なので、お相手に選ばれたことが不思議なのです。

保江　ところが、実際にこうやって接してみると、中身が男なんですよね。考え方も行動パターンも、いうことも趣味も、全部が男。

愛　はい、私もそう思います。

保江　まだまだこの後、対談したい方は大勢いて、何人実現できるかわかりませんが、おそらくみんな宇宙人だと思います。
そしてこの対談は、特にすごいですね。全てが整っていたという意味で。
だから、この場所じゃないといけなかった。ここ以外で収録していたら、こういう流れにはならなかったわけです。

愛　どんな話をするかも全く打ち合わせしていませんから、こんなに面白い話になるとは思ってもいませんでしたね。

保江　僕は、打ち合わせはしない主義なのです。

でもまさかこんなふうに、宇宙人、ＵＦＯ関連の流れができるとは予想していませんでした。

先述のように、愛さんは、現在はネイルサロンでカウンセリングを行っていますね。

通うたびに、本当の自分に目醒めるパワースポットネイルサロンです。

ネイルをしてもらっている2時間くらいでいろいろと会話をし、クライアントの統合をうながしている。

もっとたくさんの人にそれを広めるために、「ダイヤモンドセミナー」という名で、先日、六本木で第一回のセミナーをなさったわけです。

でも、その前からすでに、ここに来ることは決まっていました。何がそれを決めさせたかというと、僕の鼻の下が伸びたことでした。

そこがすごいのです。

愛　先生の鼻の下が、まるでセンサーなのですね。

保江　そう、僕自身もすごいなと呆れています。

たくさんの対談をしてきても、今まで、途中にＵＦＯが出てきたことなんかありません。

矢追さんや高野さんとの対談のときですらないのです。

この本がインパクトになって、その３０００人、及びそれ以外の、他の星から来て地球に囚われている人たちが、脱出する道具を手にし始める。

その道具とは、自身を統合するこのメソッドです。もう、万々歳です。

そして、理解の早い人は、「愛さんに学ばなくてはいけない」と気づくのです。

愛　「知りたかったことはこれだ」、と思うかもしれないですね。

保江　愛さんに教われば、あるいは愛さんと露天風呂に一緒に入れば自動的に帰れるんだと。

愛　私、お風呂に入りすぎてふやけてしまいますね（笑）。

保江　しかも場所は、富士山が見えてＵＦＯが現れた、ここです。

この宿に相談して、一室設けさせてもらったらどうですか。愛サロンをやれば、ここも有名になって一石二鳥です。

愛　それは素敵ですね（笑）。

地球に囚われた宇宙人の大半が日本人

保江　日本には、ＵＦＯが現れる場所が何ヶ所かあります。どこにでも来るわけではないので、ＵＦＯが見えたということは、富士山のこの辺りも、もともとそういう場所なのでしょう。

昨日も富士山に、巨大なＵＦＯのような笠雲がかかっていました。

『スターゲイト』という映画を観たことがあります。

エジプトのピラミッド近くの遺跡から、丸くて複雑な機械装置が出てきて、それをアメリカ軍が組み立てるのです。

それにはエジプトの象形文字で何かが書かれていたので、象形文字を研究している若い学者を呼びつけて無理やり試させたら、それがスターゲイトになっていたわけです。

それは、ここの露天風呂のまるい水面が、縦になっているイメージです。水の中に入るようにそこに入っていくと、ワープ状態になって向こうの星に出ます。どこでもドアみたいなものですね。

向こうには宇宙人がいて、その宇宙人に昔、捕まったエジプトの人たちが服役していた。

それを助けて帰ってくるというストーリーです。

だから昨日の夜も、僕は一人で露天風呂に浸かりながら、

「これがスターゲイトだったら、このままあっちの星に帰れるんだろうか」と思っていた

のです。
もし愛さんと一緒に入れば、ひょっとして本当にそうなるかもしれない。
ロズウェルからずっとついてきている宇宙人の魂も、もしかしたら昨日帰れたでしょうか。

愛　その魂は、中性的ですよね。

保江　『エイリアンインタビュー』の中では、「IS-BE」と呼ばれているから中性です。

愛　優しい存在なのですね。

保江　そうなのです。おそらく最後まで僕について来て、一緒に帰るような気がします。
やっとここまできて、故郷はすぐそこだ、と喜んでいると思います。

愛　私もその3000人の件を手伝ったら、帰っていいでしょうか。

保江　帰れますよ。

愛　よかった。今世でもう充分だとずっと思っていたのです。

よく、「来世はこうなりたい」という人がいますが、「私は絶対に生まれ変わりません」とずっといっていたのです。どうやったら生まれ変わらなくていいかを考えてきました。やっとですね。

私もなんだか、ほっとした気分です。


保江　本書を読んでくださる人の中にも、希望を持ってくれる人が大勢いると思います。

あのときに囚われた３０００人の内のかなりの数の魂は、今、日本に転生しています。

だから、日本でこうした本を出すことがまずは大事なのです。

僕の周りにもたくさんいますし、他の人たちもきっとつながっているから、情報を共有できるでしょう。これで、３０００人のほとんどの人たちが帰れるでしょう。

あとは、僕が司令官だったときに副司令官としてサポートしてくれていた、矢作直樹先生だけ残ってもらって、面倒を見てくれればいい。しんどいでしょうけれどもね（笑）。

愛　先生から見て、その3000人の人たちには特徴はあるのですか。

保江　主に7、8の人ですよ。たぶん7、8は指揮官たちだと思います。

愛　私は3、4だから……。

保江　下士官かもしれない。でも、僕はそういうのは読めないない人間だから、あてにならないですけれども。

タイプ7の本領発揮！　執念の調査——辿り着いた完全一致

保江　ところで、この宿を見つけたときの話をしましょう。

僕は、月に2回は京都駅を利用します。実家のある岡山や、東京に移動するのに新幹線に乗るのですが、新幹線のホームに上がるのに、僕は階段を避けて必ずエスカレーターを使います。

その日も、いつもどおりにエスカレーターで上っていると、壁にJR西日本のポスターが何枚か貼ってありました。

何気なくそれを見たら、海の向こうに富士山があって、手前の丸い露天風呂の後ろに、宿の若女将のような風情の着物姿の美人モデルがにこやかに立っている写真でした。

これはどこだろうと下の方を見たら、「静岡県観光協会」と小さく書いてある。

「静岡か。温泉に入るのにこんなにおあつらえ向きなところが現実にあるのかな。コンピューターグラフィックスで合成したんじゃないだろうか」と思いました。

それで、もう一回よく見ようと、ホームに着いた後にまた下りのエスカレーターに乗ったのです。

「やっぱり、これはすごいところだなあ」と感心しながら、またエスカレーターで上がって、合計3回見ました。

愛　3回も同じポスターを。

保江　それだけ強いインパクトを感じていたのですね。

その後、静岡県で海の向こうに富士山が見えるような場所を探したのです。当然、この伊豆半島の西側しかありません。とはいえ、伊豆半島の西といっても広いですから、どこが撮影場所だったのかの見当がつきません。

でもとにかく気になって、どうしてもその場所に行かなくてはと思いました。

『未知との遭遇』という映画で、最初にＵＦＯに乗せてもらった男性が、デビルズタワーの夢を見て、模型を作ったり偏執的になり、変人扱いされるのと同じ状態です。露天風呂と美人女将、海と富士山が、頭にこびりついて離れないわけです。

『未知との遭遇』の男性も、「いったいこれはどこなのだ」と探しますが、なかなか見つからなかったのと同じようなものです。

僕は地図を開いて、駿河湾を隔てて富士山を眺めることができる伊豆半島の場所はいったい何ヶ所あるのかを探しました。

するとそうした場所で、さらに宿がある場所はそんなにないことがわかりました。
それを、旅行会社の宿の情報と合わせて綿密に調査していき、団体が来るような大型の温泉宿は排除しました。きっと、小さい宿だと直感したのです。
結局、三軒にまで絞り込めました。

愛　さすがタイプ7。熱中力がすごいですね。

保江　もはや執念です。試しに行ってみた二軒は外れで、最後の一軒で……。

愛　全部、行ったんですか。

保江　もちろんです。だって、行ってみないとわからないでしょう。

愛　ネットで調べたのかと思いました。

保江　ホームページで調べても、全部の部屋の写真が載っているわけではないですから。「駿河湾越しに富士山が見えるのが当宿の自慢です」と書いてあっても、富士山が見える部屋はわずかなのです。

そして最後の宿、正直いうと、ほとんど諦めていたのです。違っていたら、この捜査はもうやめようと思いながら訪ねてみると、ビンゴ！　窓からは、ポスターそのものの景観が広がっていました。

ポスターに写っていたテラスがあるのが、まさに、今対談をしているこの部屋だったのです。

「やったー、ここだ！」と僕があまりにはしゃぐから、荷物を持ってきてくれた宿のスタッフから、

「どうされましたか」といわれてしまいました。

「静岡県の観光誘致ポスターにあったのはここですよね」と聞くと、

「よくご存知ですね。この宿で撮影しました」と。

僕が駅の壁で見つけた静岡県観光協会のポスターは、2ヶ月間しか貼っていなかったそうで、次に通ったときにはもうありませんでした。

愛　今回、この部屋は指定できたのですか。

保江　いいえ、指定はできなかったのですが、たまたまこの部屋が取れたのです。

愛　さすがです。部屋は8室ありますから、部屋によって見える角度が違ってきますよね。

保江　そうなのです。チェックしに来たときの部屋のお風呂は四角でしたが、今回はちゃんと丸になっているでしょう。スターゲイトですからね。

愛　宇宙への扉は丸がいいですね。

保江　このような経緯でここが見つかったのですが、本当は僕は温泉なんか好きではないのです。

愛　ええ？　そうなのですか。

保江　温泉でのんびりするなんて大嫌い、富士山も特に好きでもないし、泳げないから海も嫌い。でも、美人女将がそこに立ってニコッとしているポスターが、とにかく気になったわけです。

愛　観光協会にポスターの撮影場所を問い合わせてみようとは思わなかったのですか。

保江　聞くことは誰でもできますが、そこは、調査隊のような気持ちで自力で探すことに意義を感じていました。それで見つからなければ、縁がなかったということです。
でも、行きたい、という欲で見つけようと思ったわけでもないのです。
ただただ、そのポスターに惹かれて必死で探し、他の宿に行っては失敗し、最後にここにたどり着いた……、不思議な体験でした。

愛　最初にお会いしたときは、対談をしていただくということは考えておられなかったのですよね。

保江　ええ、対談本にするという発想はなかったですね。

愛さんの本を出してもらうために出版社の社長に紹介して、話をしているうちに、応援の意味で対談収録の方向にいったのです。

つまり、対談収録は、一緒にこの場所に来るための動機づけに過ぎなかった。

京都駅でわざわざポスターを何度も見直して、宿を捜査して、ここまでこだわったのも、全てが、３０００人を救うための最終兵器を発見させてもらうためだったのです。

全国に温泉宿の美人女将は大勢いるだろうし、そんなポスターも唸《うな》るほどあると思います。

でもなぜか惹かれた理由は、結局ＵＦＯ、宇宙人が引っ張ったわけです。

そのことに今日の昼まで気づかなかったので、しかたなく神様が、

「お前はアホだな。これでわかるだろ」と、さきほどの女性を浄蓮の滝に連れてきてくださったのですね。
実に面白い。星新一のSFショートショート小説にできそうなくらい、不思議なストーリーです。

愛　そうですね。リアルのような、映画のような……。

保江　全ては僕の妄想でスタートします。
さきほどの女性も、日蓮宗のお坊さんという旦那さんも、ひょっとすると3000人の内かな。続々と集まってきていますからね。

愛　その3000人は、やはり先生のように、お話ししたらエニアグラムなどがすぐにピンとくるのでしょうか。

保江　彼らはたぶん、実際に接して同じ空間を共有したら、暗黙知でわかると思います。顕在意識では認知できなくても、潜在意識に埋め込むことができるはずです。

そして時期が来たら、ふっと統合できるでしょう。

愛　すぐに取り組むまではいかなくても、すごいということが暗黙知でわかるということですね。

保江　そうです。潜在意識で受け取り、いつか花開くように解凍されます。

アシュターもいっていたとおり、アシュター自身、つまり僕が、３０００人を助けようとして救助隊を何回も送り込んだわけです。それがお釈迦様だったり、老子だったり、２５００年前のギリシャのエニアグラムを体系づけた人だったり。

でも、そういう人たちも結局、うまくいきませんでした。

そこで最後に、僕の右腕の矢作直樹先生を送り込んだのですが、やはり地球に囚われてしまった。それで結局、もう自分が行くしかないということで僕が来たのですが、やはりこうやって囚われてしまったわけです。

でもこれで、大手を振って帰れます。司令官としての職務を全うできました。

多重の囚われを自覚し、個人の宇宙に生きる

愛　例えば多動性障害や、自閉症など、他の人と違う精神を持つ人は発達障害や病気だといわれていますが、少し見方が変わればすごく個性的で特別な才能を持った人が多い気がします。問題行動を起こしてしまうとすれば、それも囚われが原因になっていることが多いと思うのです。

保江　囚われからくる不調や病は多いでしょうね。

愛　私は医療についてはは全然わからないので、はっきりしたことはいえないのですが、先生のような方が見たら、囚われと病気の因果関係もわかるのかもしれないですね。

保江　「病は気から」というくらいなので、病は囚われが大きな要因になっているでしょうね。

今の、特に日本の現代医療体制は、一般の患者が病気に囚われてしまうようなシステムになっています。毎年、健康診断と称して、大多数の日本人の血圧、血糖値、γ－GTP など

を調べていますが、数値が範囲に収まっていなくては問題とされます。
けれども、それから外れている人は病気、とするのはおかしいのです。

愛　そうですよね。私はどんな人間も、不健全で囚われればみんな鬱状態になると思います。

保江　健康な状態というのも人によるわけですから。血糖値がたとえ500もあっても、元気に生きている人はそれでいいわけです。

愛　そのとおりですね。

保江　「これではがんになる可能性が高くなります。今のうちに対処しましょう」などといわれて、病院通いを始めたらもう終わりです。
とはいえ、今の地球人が定めた病気という範囲に囚われて、指摘された調子が悪い原因というのを信用するかどうかは、本人次第なのです。
今回のコロナ騒動だってそうでしょう。医者やマスコミ、お上のいうことを信じている多くの人が、マスクをほぼ強要されたせいで、酸素不足で余計に免疫が落ちてしまいました。

だから、個人がきちんと判断しなくてはいけない。一人ひとりが、自分の宇宙を持てばいいのです。

この宇宙は、自分以外の誰かが作っているとみんな思っていますが、そうではない。

あなたが作っている。あなたが主体的に妄想しないと、この宇宙は変わらないんだよ、と伝えたい。

ところがみんな、自分以外の何かが設定したところで自分は動かされているだけだと思っている……、それが、地球の囚われです。


自分が妄想すればいいということに気づけないような教育がされ、親が子供を縛り、国が親を縛り、人間同士が互いに縛り合う。

愛さんや僕は、それが変だなと思えたからここまで自由になれています。しかし、我々のような人間は、今のところごく少数派です。

だから、まずは3000人を救う。繰り返しになりますが、その3000人を救うための最終兵器を、ついに僕は手に入れました。

愛さんに提供されたのですから、愛の最終兵器。最終兵器は愛だった。さらば、地球よ。

愛　楽しすぎますね。

保江　武器のことを、ゲームなどではアームといいます。

だから拳銃のことは、サイドアームといいます。横に付けている兵器だからです。

アームというと、兵器や武器というより軽い。

愛　兵器は何というのでしょう。

保江　ウェポンです。破壊力が大きいものですね。

だから本当は、最終兵器だからリーサルウェポンのほうが合っているのですが、日本人にはきつく聞こえます。

そこで、「あなたを救う最終アーム、リーサルアームは愛だった。あなたは愛によって救われるのだ」というコピーが浮かんできました。

愛　愛が全てを救う……。全てにマッチしていきますね。

保江　今、それがはっきりとわかりました。愛が３０００人を救うわけです。
愛さんご自身は、今は囚われから抜け出せている状態ですか？

愛　そうですね、完全にモヤモヤや囚われがなくなったわけではないのですが、自分のタイプの不健全な状態が出たときは、恐れから逃げず俯瞰したり、「これは陥っているな」とか、「幻だ」とかわかるんです。

だから、特別何かに執着するとか、怒り狂うとか、すごく我慢するとか、そういうことはなくなりました。昔のようにどっぷり現実に浸かるという感覚はないのです。

どう説明すればいいのか難しいのですが、なぜか、わかるという感じなんです。

囚われの状態のときと、囚われていない状態のときって全然違うんですよ。

そのうち、囚われの状態に陥る回数が少しずつ減ってきて、どこかで客観視している自分がいる。そして、ほとんどなくなってきました。

保江　統合していくうちに、たとえ一瞬囚われても、すぐにまた復旧できるようになるのですね。

愛　自分の心の恐れがフッと出たときにも、恐れていることがわかります。

「あ、恐れているな。この恐れを抱いている」って。

でも、この恐れは幻だともわかるし、今、次にステップアップする段階にきているというのも自分でわかるのです。

恐れをただ見つめられる……。恐いですけれどね。

保江　それこそ、お釈迦様の状態です。お釈迦様が悟りを開かれたときの状態が、それですからね。

愛　そんな感覚です。だから、特にこれをしたいとか、こうしなければということもなくなりました。普通の欲求はありますけれども、それさえも執着ではなく、本当にゲームのようにどこかで楽しめている状態です。

過去も未来も関係ない……、いろいろと超越したような感じです。

保江　そうですね。いろいろ考えだしたらもう、一歩も動けないですから。

愛　だから今回の対談も、後からお金を請求されるんじゃないのとか、対談相手の人は大丈夫なのなどと心配してくれる人もいるんです。でも私は一切、心配はしていませんでした。どう転んでもいいいと。

以前は、どうにかして本を出したいと思っていたけれど、だんだんと執着心もなくなっていた。

保江先生とお会いしたときも、とにかく酔って楽しく好きに喋っただけで、本を出すなんて発想はまるでありませんでした。

保江　それがよかったのでしょうね。

僕のところには、出版欲というか、自分も本を出したいのです、という気をまんまんに出している人がたくさん来るのですが、この人の本は出すべきだろう、と思えることはめったにありません。

ところが、愛さんの場合は、なぜか初対面で、ほろ酔いで鼻の下も伸ばしつつ、これは本を出すお手伝いをしてあげたいなと。

愛さんのやりたいことや、すでになさっていることをできるだけ知らしめる出版ができれば、世のためにもなりそうだなと思えました。

本当に頑張っている人は男性でも応援しますが、特に魅力的な女性の場合は、より気持ちを込めてサポートをするのです（笑）。

愛　私がいちおう女性に生まれてきた意味は、そういうところにもあったのかもしれません。女性の体なんて、必要ないなと思った日もあったんです。本当は、イケメンに生まれたかったとかね。でも、意味があったことがわかって嬉しいです。

保江　僕は32年間、女子大で教授をやったのがよかったのだと思います。その大学では、派閥やしがらみがあまりなくて、自分自身を自由にできました。だから、ここまでやってこられたのでしょう。

それに、女子大でなかったら、つまり若い女性に囲まれていなかったら、今の僕はないです。そして、こうして愛さん提供の最終アームを手にすることもなかった。結局は地球で朽ち果てる、情けない人生だったはずです。

だから、今までの全てに無駄がないのです。

ここにきての大団円。ついに愛を捉えた思いです。

パート5　統合こそがトラップネットワークからの脱出の鍵

【対談3日目】

宇宙人同士の奇跡の巡り合わせ

保江　今日はまず、愛さんとの出会いをもう少し詳しくお話ししようと思います。

僕は毎月、京都のやんごとなき血筋の方の下で、いろいろなことを教えていただいています。

令和4年4月、夕方まで名古屋道場で指導をして、翌日がその京都の集まりだったので、新幹線で名古屋から京都に行きました。

お腹が空いていたので晩御飯を食べようと、新幹線のホームからこじんまりしたお気に入りのフレンチレストランに、空いているテーブルがあるかを確認しようと電話をしました。出てくれた店の奥さんがいうには、

「一つだけ空いています。しかも今日のお客様は、保江さんが好きな女性ばかりです」ということでした。

愛　そんな情報まで（笑）。

保江　あの奥さんは僕のことをよくわかっているから、大事なことはちゃんと伝えてくれるわけですよ。

店に着いて一人で座り、いつもだいたい同じオーダーである、ワインと料理を出してもらいました。

そもそも、そのお店を見つけたのにも、エピソードがあります。

４年ぐらい前に京都の集まりがあったときに、東京の有名シェフ、三國清三さんが祇園に洋食屋を出したと聞きました。

いわゆるフレンチのお店ではなく、あえて懐かしい洋食屋の雰囲気にしたとのことでした。

興味が湧いたので食べに行こうと思って、タクシーで東大路を北から南に向かい、銀閣寺の辺りから祇園まで走ってもらったのです。

夕暮れ時でうす暗い中、東大路仁王門の交差点を過ぎたところで、ふっと向こう側に小さなフランス国旗が見えました。注目していると、小さな間口の店があって、小さめのガラス窓からチラッと見えた店内が、ほのぼのとしていてとてもいい感じに見えました。

すぐに、「運転手さん、ここで停めて」という言葉が口に出て、タクシーを降りると、恐る恐るそのお店に入っていったのです。

そうしたら、なかなかいいお店でした。ご主人と奥さんの二人でやっていて、ご主人が調理人、奥さんが店を切り盛りしているフレンチレストランです。

お客さんは近所の常連がほとんどで、地域に溶け込んでいる雰囲気。ちょっと不思議な営業形態で、オープンは午後3時から夜の9時くらい、ランチはやっていません。だからセットメニューはなく、アラカルトのみです。

近所の人がふらっと来て、ワインを引っかけながら一品料理をつまみのように楽しんでいるようでしたが、その料理が美味しいのです。

それ以来、毎月の勉強会に行ったときには、参加者を連れてそのお店に行っていました。

愛さんと出会ったその日は、僕は一人で席に座っていましたが、他は女性客ばかりで満席でした。にぎやかな雰囲気の中で、僕一人、寂しく飲んで食べていると、しばらくして一人の女性がふっとやってきて、

「保江さんじゃないですか」と声をかけてきました。

その人は、僕の真ん前のテーブルでやはり楽しく飲んでいた方で、僕のセミナーに来てくれたことがあるとのことでした。

そして、その方とご一緒されていたもう一人が川崎愛さんです。美しい女性方だったので、つい「よかったら一緒にどうぞ」といってしまったわけです。

愛　その場のノリですね。

保江　そして、一緒に飲み始めました。僕も気分がよくて、初対面ではなかなかないのですが、話も弾みましたね。

愛　急に先生から、

「愛さんは何をしているの」と聞かれて、酔った勢いも借りて、ネイルをしていることとか、性別の区別がないこととか、心理学とかエニアグラムの秘儀のことを話していました。

保江　僕も酔っ払っていたからほとんど覚えていませんが、そのときはちゃんと対応していたと思います。

愛　とても早い段階で、

「それは宇宙由来の話だね、地球では生きづらく感じている、宇宙から来た人のための地球の歩き方として本にしよう」という話になっていましたね。

私も、先生から宇宙人だといわれました。それですぐ、出版社の社長さんに電話してくださったのでしたね。

保江　僕もお酒で気分も良く、右脳モードになっていたから、全部暗黙知でわかっていたのです。だから、今こうしていることは、そのときに決まっていたわけです。

そのお店に初めて行ったときも、隣のテーブルの四人連れのお客に、

「保江さんでしょうか。こんなところでお会いできるなんて」と声をかけられました。

東京から家族連れで京都観光に来ていた僕の読者さんで、その晩が京都旅行の最後の日だったそうです。ホテルのコンシェルジュに良いお店を聞いたところ、その店を推薦されたた

ということでした。そうしたら僕が入ってきて、隣に座ったからびっくりしたのだそうです。

そういうところなんです、あのお店は。どういうわけか、僕と相性がいい、引きが強いのです。


愛　私も初めて行ったんですよ。

あの日は、友達と二人で別の友達が出演したベリーダンスショーを見た後でした。

その友達はグルメだから、いつも美味しいお店を予約してくれるんです。なのに、あの日に限っては忘れていたのです。

そこで予約なしで、彼女が行きたかったというお店に行ってみたのですが、満席で断られてしまいました。

その後も、4、5軒行ってみたのですが全部満席で、年上の友人をこれ以上歩かせるわけにはいかないから、なんとか早く見つけなきゃというような気持ちになっていたら、あのお店が遠くに光って見えたのです。

保江　やっぱり、愛さんが見つけたわけですね。

愛　はい。美味しいのかどうかはわかりませんでしたが、とりあえずお店の前まで行ってみたところ、友達も「ここはいい気がする」といってくれました。彼女も勘がいいので、美味しそうだと思ったようです。

保江　やっぱり宇宙人ですね。

愛　それでお店に入って、やっと食事にありつけたというわけです。
普段は、4、5軒回って断られるなんてありえないので、とても不思議でした。

保江　そしてしばらくして、僕が入ってきた……。

愛　そうです。その友達からは、1年ぐらい前から保江先生にめちゃくちゃはまって、セミナーに行ったり、一緒に写真を撮ってもらったりしたという話を聞いていました。
そして、私にはよく本を貸してくれるので、『願いを叶える縄文ゲート』（ビオ・マガジン）

から始まって、先生のご本を数冊読んでいたのです。

保江　ありがとうございます。

だから、あのお店の引きがなければ、こんなことは始まらなかったわけです。

あのときも、新幹線の中の僕の考えでは、にしんそばを食べようと思っていました。

『松葉』というお店が京都駅の新幹線のコンコースにあるのです。

駅についたら、いつものようにまずはビールを頼んで、にしんそばの上に載っている身欠きにしんだけ頼んで、つまみにして飲もうと。

それで、京都駅に着いてまっすぐに向かったのですが、ちょうどのれんを引っ込められたタイミングで、残念ながら入れませんでした。

コンビニで何か買ってホテルで食べるという選択肢もありましたが、一人寂しくという感じで気が進まない……、京都で日曜の夜に開いているところを考えていたら、あのフレンチの店が思い浮かんだのです。

実はその翌々日の勉強会の後にも、参加者と行くことになっていました。でも他に思いつくところもなかったし、まあいいかと電話したら、かろうじて一つだけテーブルが空いていました。必然的なめぐり合わせだったのでしょう。

愛　あのときは酔っ払っていたので、翌日には夢だったのかなという感じでした。先生は覚えていらっしゃるだろうかと。

でも翌日でしたか、メールで連絡をいただいたのですよね。

保江　お店などで声をかけられた場合には、僕にも次のスケジュールとかタイミングがあるので、特に男性だと、挨拶はいいけれども長い話をされたらちょっと困るわけです。

あの店の奥さんはそういう場面をよく見ているので、あのときも気を利かせてわざわざ近づいてきて、

「先生、次のスケジュールの予定はよろしいんですか」と聞いてくれました。

愛　終了の合図、きっかけ作りですね。

保江　それで僕もピンと来て、「大丈夫です、この方々は」と答えました。

次の日に出版社の社長さんにお伺いをして、話がどんどん進んだわけです。それですぐにメールを差し上げたということは、僕もかなり気分がよかったからですね。普通あまりそういうことはしないのですが。

京都で出会った美人と共著の本を出してみたい、どうせなら温泉でも浸かって湯けむり対談ということにしようよと。

愛　それから、６月末に友達の出版記念会に参加するので東京に行きますと、連絡を差し上げましたね。

そのときに社長さんに紹介していただき、出版について快諾をいただけてありがたかったです。

愛　その一週間後ぐらいに携帯を触っていたら、アマゾンのページのKindleの電子書籍の中に、買った覚えもない『エイリアンインタビュー』という本を見つけました。でも全く買った記憶がなかったので、自分が怖くなりました。それに、宇宙人から送られてきたかのようにも思えてそれも怖くて。私は電子書籍は読まないですから、Kindleで注文なんて普段しないんです。基本的に紙の本を読むので。

保江　でも、入っていたのですね。

愛　とても不思議でした。どう考えてもわからなかったのですが、購入日を見たら京都で保江先生と会ったその日だったのです。お店から帰って、酔っ払いながらも注文したのでしょう。

保江　あの日に『エイリアンインタビュー』が来ていたとは。

愛　先生に勧められた覚えもなくて。でも、きっと先生がお話をしてくださったから買ったと思うのです。

あまり馴染みのない電子書籍ではありましたが、それでも一気に読みました。そうしたら、地球にいる宇宙人は囚われているという話でした。

それを知ったときに、これは私が思っていることだ、エニアグラムだと思ったのです。

保江　そのとおり。ここまで対談してきた僕の見解では、エニアグラムは、主に連合の宇宙人によって地球に囚われている3000人を、ネットから解放するための技術なわけです。

愛　そうです。そのネットがこれだったと思ったのです。

保江　『エイリアンインタビュー』の中には、この宇宙の成り立ちとか、人間が妄想したものがこの宇宙として実体化しているというような話がありました。

まさに僕が理論物理学でやっている素領域理論や、同窓生の中込照明くんが「モナド理論」で同じことをいっているので、感動しました。

ちょうどその後に愛さんに会い、「この子は宇宙人だ」と思ってその話をしたのです。

愛　私もそんな気はしていました。でもそのときは、なんだか自由がきかないし生きづらいな……、囚人みたいだと感じているだけだったのですね。

どうせ生きて死ぬのに、こんなふうに囚人としての人生を生きるのは辛いなと思っていたのです。

そしてエニアグラムに出会って、囚人を脱獄させる方法があるのだと知りました。でも脱獄ストーリーは、女性的な感覚としては少し虚しい。人生をもっといいストーリーに転換したい、と思ったのです。

保江　もっといいストーリー、そのとおりですね。

愛　特に、日本では女性が不自由な感じがしますから、女性向けに明るい感じで脱出する方法を伝えたいと思っていました。
それで、最初のセミナーを、「ダイヤモンドセミナー」という名前にしたのです。
人はみんな素晴らしい個性を持つ宝石です。自分に対してダイヤモンドを磨くような感覚を持つ……。自分という原石を自分の手で大切に磨いていくことで、ダイヤモンドが美しく完成していくように囚われから脱出できます。
そういうストーリーにすればいいと思ったのです。

保江　要するに、エニアグラムでいう統合ですね。

愛　それを脱獄とはいわず、「心（魂）をダイヤモンドにする」というストーリーにしました。

保江　我々は実際、人に対しても、物事に対しても囚われがあります。『エイリアンインタビュー』にあるように、宇宙人としてやってきているこの地球に、本当に囚われている。
そこからいかに脱出するかということを、２５００年前のギリシャ人も、お釈迦様も気づいたわけですね。

愛　そういうことですね。

保江　『エイリアンインタビュー』には老子の思想も出てくるでしょう。

老子は、まさに昨日のエニアグラムの統合による暗黙知で僕が理解したことに気づいて、村から出ていきます。

そのときに村人が、「最後に教えをいただきたい」というと、「見ようと思ったら見えない」などといったのです。

驚いたことに、『エイリアンインタビュー』にも書いてあったバリアが張られているという話は、僕自身もシリウスの宇宙艦隊司令官アシュターから教わっていました。

アシュターからは、「囚われているみんなを助けなくてはいけない。でも助けるためには各人が囚われているということに気づいて、自らを解放する気にならないと勝手には助けられない」といわれていたのです。

各人が気づいて自らを解放するという意識にさせる……、これが難しい。いったいどういう行動をすればいいのかがわからず、暗中模索どころか、手がかりすらありませんでした。

でも、愛さんとの会話で納得しました。昨日、僕が暗黙知でやっと理解できた、このエニアグラムでの統合が、地球に張り巡らされた宇宙人の魂を捕らえているトラップネットワークからの脱出方法だったのです。

本当に素晴らしい……、ついにつながったわけです。

愛　私も、こんなことは自分が考えているだけかと思っていたのですが、『エイリアンインタビュー』を読んだときに、ちゃんと裏付けられるようなことが書いてあったのですね。だから、すごく自信になりました。この感覚は私だけじゃないと。

保江　この囚われの部下たち3000人を助けて解放しないと、僕の使命は永遠に終わらない。使命を果たすには、その3000人全員に、どうやったら解放されるかを教えなくてはいけない。

そこには、なかなかに高いハードルがあります。僕は暗黙知でエニアグラムの統合も理解しましたが、その部下3000人に僕と同じように暗黙知で理解しろというのは難しい話ですよね。

ところが、ここに来て愛さんが本も出し、セミナーも開催されれば、部下3000人も暗黙知で受け取れるのです。

そして、今の僕のような状態になれれば、囚われの地球のネットから抜け出すことができる。

これをIS-BEはわかっていたから、ロズウェルからくっついてきたのでしょうが、今、本当に喜んでいると思います。

「やっと気づいてくれた。これでついに戻れるわ」と。

必然だった邂逅——愛と光になった叔母が教えてくれた真実

愛　とても不思議な話なのですが、つい先日、母親から親戚のおばちゃんの家に行ったというメールがきました。大阪の京橋なんですが、予約をしていた整体に行く時間を間違えて何時間も空いてしまったので、おばちゃんの家に寄せてもらったそうです。

そのおばちゃんというのが、霊友会という新興宗教の支部長をずっとやってきて、５００人くらいの人をまとめているような信仰深い人で、今、90歳です。

そのおばちゃんが、「私は目覚めた」といきなりいい始めたらしいのです。

そして、「愛ちゃんにこれを送ってほしい」といわれたということで届いたのが、世界の系譜というものと、裏天皇の話などの資料でした。

私も驚いたのですが、「この人たちと会うようにいってほしい」と送られてきたリストもあり、そこに保江先生の名前が載っていたのです。

保江　僕の名前もあった……。

愛　そうなのです。矢作直樹先生、武田邦彦先生とか、本を書かれたり、YouTube にもよく出られているような人のリストでしたけれども、その中に保江先生が入っていたわけですよ。

「来週対談するこのタイミングで来るなんて」と、ちょっと怖くなってしまいました。そうしたら、「愛ちゃんは宇宙人です」と、おばちゃんが急にいい出したそうです。

保江　そういう会を束ねている人ですから、やはり能力者なのでは。

愛　たぶんそうです。

そして資料を見たのですが、母が写真を撮るのが下手すぎてピンボケしてよくわからなかったから、「もう直接行くから、資料とか見せて」と連絡して、先日の日曜日に行きました。

おばちゃんはとてもお元気だったのですが、「自分は目覚めたから、何十年もやっていた新興宗教もやめるし会員さんたちにもお話をして解放する」というのです。

そして、「お金を払って目覚めなくても、悟る方法がわかった。真実の愛を理解できると、囚われから解放される」という話を始めました。

私が、「おばちゃんがすごいことになってる」と驚いていた背後には、YouTube が流れ、保江先生が矢作先生とアンドロメダなどの話をしている動画が映っていました。おばちゃんには、私の最近の出来事は何も話してないのに。そして、母までが、「愛ちゃんにおばちゃんからの伝言を伝えるのが、私の使命だと思って」とかいい出して、「なにこれ。ドラマみたい」と思いました。

「実はこの保江先生とご縁があって、今度対談させてもらうのよ」といったら、おばちゃんは死ぬんじゃないかと思うくらいびっくりしていました。

もういつ死んでもいいぐらいに、愛と光に目覚めていることもわかったのですけれどね。

おばちゃんにも宇宙人だといわれて、「宇宙人ってどういうことだろうな」とか思いながらも、なんとなくわかるんです。

おばちゃんには、私はアンドロメダ星雲から来ているプレアデス星人で、宇宙由来のスターシードだから、これからの使命を果たすために愛という名前に生まれているといわれました。

保江　なるほどね。

今回の対談では、愛さんのメソッドで人々をただハッピーにして、悩みなどから解放してくれるすごいものを紹介するような話をするだけだと、最初は思っていました。

まさか、こんなふうに宇宙人の流れになるとは思ってもいなかったのです。

それが、宇宙を知るおばちゃんの話になり、しかも霊友会の関係者だったとは。

霊友会は日蓮宗ですね。日蓮上人の教えで法華経が注目されました。その法華経の中にも、3000人のことが書かれているのです。

愛　そうなのですか。

保江　日蓮宗のお坊さんで、UFO・宇宙人研究の第一任者である高野誠鮮さんという方がいます。石川県のUFOミュージアム（＊宇宙科学博物館コスモアイル羽咋）を立ち上げた人で、彼との対談で、僕が3000人の部下を解放しなくてはいけないという話をしたら、

「それ、法華経に書いてあります」と教えてくださいました。

僕には例年、正月の頃に、神様から「これをやりなさい」という指令が来るのです。

僕は直接そういう霊的なものは聞こえないし見えない人間だから、わかる人が伝えてくれます。たいていは中年の知らない女性で、手紙をくれたり、講演会に参加してくれたときに

教えてくれたりします。

例えば、水晶を気仙沼に投げろとか、東京に北斗七星の形の結界を張れとか、さまざまなミッションがありましたが、これまで全部クリアしてきました。

ところが、2021年の暮れは神様は何もいってこなかったのです。それで、「もうそろそろ、御役御免なのかな。もう、遊んでいればいいのかな」と思っていたら、2022年の1月12日に、これからは宇宙人とUFOについて、僕が個人的に研究してきたことも含め、世に出すのが役割だといわれました。

「でも世に出せといわれても、どうしたらいいのかな」とか思っていたら、UFO・宇宙人関連の重要人物の方々となぜか会えるようになったのです。

まず、そのUFOミュージアムを作った高野さん、それからテレビディレクターとしてUFO特番を撮りまくった矢追純一さんとも懇意になり、対談本を出しました。

他にもUFO・宇宙人について、僕が今まで知らなかった情報を持っている人がなぜか向こうからやってきて、いろんなことを教えてくれるのです。

さっき話した『エイリアンインタビュー』をお土産に置いていった男性も、そのお一人です。

そして今回、愛さんに統合、つまり人間がより良い生き方をしていく方法を教えてもらうことになりました。

ただ、コンサルタントとかコーチングとか、そうしたことをしているスピリチュアル系の人はたくさんいるので、普段はそこまでは興味を持ちません。

わざわざ出版社の社長さんに引き合わせて、対談本まで企画するというのには、やはり深い意味があったのです。

僕の役割、宇宙人とUFOについての真実を世の中に知らしめることと、3000人を解放するというアシュターからの話もあったので、

「どうやって3000人を解放しよう。なんとかしなくては」とずっと気になっていました。目的を達成するために、バリアを破って向こうに戻れる何かを手に入れなくてはいけないのに、全くあてがなかったのです。

ところがここにきて、ついにこの対談が、実はその目的を達成させるためのものだったと

わかりました。

３０００人の昔の部下を解放するための最大の武器を教えてもらった……、その武器自体が愛さんだった。

これで、アシュターからの指令は完璧に果たせたことになります。まさかこんなところに落ち着くとは思いませんでしたね。

愛　では、私がこれからやることというのは、その３０００人の宇宙由来の囚われの魂、私の同志に、メソッドを伝授していけばいいんですね。

保江　伝授して、一緒に行くのです。

愛　私も帰れるんですね。

保江　はい。

愛　だからなかなか帰れなかった……、この使命を果たしてからでないと、帰れないわけですね。

保江　そうです。僕も３０００人に対してその道筋をつけてからじゃないと帰れません。

愛　最近、ハンコの代わりに、緑の宇宙人のスタンプをよく使っているんです。

なぜかというと、こんなエピソードがあったからです。

私が５歳のときに、父の会社の納涼会がありました。社宅のアパートで、皆で集まっている中、トイレに行きたくなったから家に帰ろうと思ったのですが、間に合いそうもないと思ってその辺の草の生えている所でしてしまいました。

雨が降っていたので、傘をさしてしゃがんでいたのですが、傘の下から緑の光が見えて。

それは、足のようなもので立っているように感じました。

１メートルぐらいの大きさに感じる、何か意識のようなもので、なんとなくなのですが人っぽいんです。こっちをじっと見ているようだったので、「きっと迎えに来られたんだ」と思ったわけです。

保江　なるほどね。

愛　でも、そのときはまだ帰りたくないと思って、怖くなって母のもとに取って返し、「緑の宇宙人が来てしまった」といったら、母は、「やはりこの子はやばい」と思ったそうです。その頃、よく変なものを見たり、おかしなことをいっていたので。

その後、「宇宙人に連れ去られる」という思いが強くなって、寝るときに鼻や耳にティッシュを詰めたりし始めました。

母に、「なんでそんなことをしているの」と聞かれましたが、私の勝手なイメージとして、寝ている間に穴から魂を抜いて連れて行かれるような気がしていたのです。そのせいで鼻の穴が大きくなったんです（笑）。

その頃、宇宙人の絵も描いていました。宇宙船に乗って女の子が帰っていく絵なんですけれども、そこに円の中に五芒星のようなラインの入った、そう、エニアグラムの図みたいな

マークが書いてあるんですよ。

母船の周りに宇宙船がいっぱいあって、私は赤い宇宙船に乗ろうとしています。その絵が佳作に入賞して京都市美術館に飾られたので、先日まで捨てられずに残っていました。

私は、描いたことなど完全に忘れていましたが、母が残していたのです。5歳が描いたにしては、シュールすぎる絵です。

保江　そのとき宇宙人が、すでにエニアグラムという武器を教えてくれたのでしょう。

その緑の宇宙人は、実体化してい

なかったでしょう。地球環境で彼らIS-BEが生きていくための生体ロボットみたいな、アバターではなかった。

愛　霧みたいな感じでしたけれども。

保江　実際に宇宙船を操縦したりするときは硬いボディに入っています。でもIS-BEについては、そのときに見たおぼろげなものが本体です。

だから、本体がやってきて脱出するための肝心要のもの、五芒星やそのイメージをもう頭に入れてくれたのです。5歳の子供にはわからなかったけれども、成長していくにしたがって発動していき、うまい具合にエニアグラムにたどり着いたというわけです。

お釈迦様も気づかれたエニアグラム。『エイリアンインタビュー』にも書いてあったように、過去において、いろんな思想家に対しても影響を与えてきたのです。

ギリシャ時代からはエニアグラムという形で残り、お釈迦様の時代からは八正道という形で残りました。

でも、それらは時代とともに変形してしまっているから、僕が暗黙知でいただけたように、向こうの星から直接5歳の愛さんに、暗黙知で入れてくれたのですよ。

愛　そうですか。

保江　普通なら、図を見ただけでエニアグラムの真髄を理解するのは不可能ですよ。でも愛さんができたのは、実は5歳のときに直接IS-BEから暗黙知として入れられていたものが表出し、実体化したことで、愛さんの中で花開いたのです。
僕にも、そんな経験があったからよくわかります。

愛　全てがこのタイミングだったんでしょうね。
全部の点と点が線になったのも、本当にここ最近でしたから。

保江　霊友会のおばちゃんの話も最近でしょう。

愛　霊友会はやめるけれども、法華経の読誦《どくしょう》はずっと続けるといっていましたね。
これからは、宗教団体はいらないと。自分自身が神様の創造主の意識になるということが、法華経がいっていることで、仏陀の教えは全ての本質だったと気づいたと。
そしてそれを、私にも伝えていきたいということでした。90歳でですよ。

保江　完璧な上人じゃないですか！

愛　完全に愛と光になっていました。

保江　すごいなあ。

愛　彼女からしたら、何十年もやっていた信仰心ってかなりなものです。支部長にまでなっていたのに、そこの囚われから解放されたこと自体がすごいと思います。

保江　普通は、絶対無理でしょうね。

愛　しかも、
「枠を越えなくてはいけない。この枠を越えるのは私しかできない。私が私を解放する」なんていってるんですからね。

保江　彼女も３０００人の一人でしょうね。

宇宙の真理を説く「法華経」

保江　少し前の話ですが、こうして対談本ができるのと同じように、柳川昌弘先生という年配の空手家が本を出すお手伝いをしたのです。

柳川先生は東京で道場を持っている方ですが、そのお弟子さんが僕の道場にも来ていて、あるとき、

「柳川先生が自費出版でこういう本を出されています。どうぞ読んでみてください」と、

冊子のような本をプレゼントしてくれました。その内容が、法華経だったのです。
法華経の原文、解説、さらに先生の解釈、という3段階で書かれています。

それを初めて読んだときに、法華経ってすごいなと思ったのですが、自費出版で在庫がなく、ご本人でさえもコピーしか持っていないという状態でした。

そこで、もったいないからきちんとした本にしたいと思い、出版社の社長さんにお願いして、一緒に柳川先生のところに会いに行ったのです。

柳川先生は本当に小柄なおじいさんですが、お弟子さんには大柄な外国人の方々がたくさんいます。国内より国外でのほうが有名な方のようです。

話はうまく進み、無事に出版されました。僕が法華経がすごいと思えたのは、この先生の本のおかげなのです。

愛　では法華経も、宇宙の真理を説いているのですね。

保江　宇宙人のこともです。

愛　宮沢賢治も、最終的には法華経を広めようとしていたのですよ。

保江　そうなのですか。

愛　それに、天文学も学んで、宇宙を研究していたといいます。

保江　『銀河鉄道の夜』なんていう作品もありますものね。

愛　地球のこと、例えば農業についても研究していましたが、宇宙についての学びが最終目的だった。それで最後に法華経にたどり着いて、広めようとしたのです。
だから『雨ニモマケズ』の詩の最後には、本当は南無妙法蓮華経と書いてあったそうです。
でもそれは、消されているのです。

保江　知りませんでした。

愛　宮沢先生はちょっとおかしくなったという人もいたそうです。宗教家になってしまった、という意味だったのでしょう。

でもたぶん、それこそ真理を伝えたかっただけではないかと私は思っています。

保江　その柳川先生のご本の帯文を寄せさせていただいたのですが、法華経とは、仏教でも精神修養でもスピでもなく、宇宙の理、真理、ダルマなのです。

宮沢賢治もそこまで行っていたんですね。

愛　一昨年、岩手を旅行したとき、宮沢賢治博物館に行くことになりました。雨と雪がすごくて、そこしか行けるところがなかったのです。

私の中では、宮沢賢治は童話を書いているイメージだったのですが、展示物の多くが法華経に関連するもので驚きました。

しかも、『雨ニモマケズ』にも載っていたと知り、宮沢賢治と私はつながっていたんだとわかったのです。

保江　その事実は、宮沢賢治博物館に行かないとわからないですね。
　ここに来て、日蓮上人のすごさが、ものすごく僕の周りで光り始めています。僕の家系も日蓮宗なのです。

愛　そうなんですか。

保江　例えば高野山の空海は密教、真言宗。最澄の比叡山は天台宗。それから法然上人の浄土宗と親鸞の浄土真宗。
　それらに比べて、日蓮宗って何か地味なのですよね。世間の人から見たら大きな新興宗教もあってイメージが悪いし、なんでうちは日蓮宗だったんだろうとずっと思っていたわけです。
　でも最近、日蓮上人と法華経のすごさがどんどん浮上してきて、うちは日蓮宗でよかったんだと思うようになりました。

愛　歴史の中で、日蓮宗はちょっと誤解をされていますからね。

保江　日蓮上人も誤解されていると思います。

高野誠鮮さんの話では、日蓮上人が江ノ島で打首になりそうになったとき、海からＵＦＯが突然上がってきて、鎌倉幕府の役人に光線を発射した。すると役人が動けなくなって、それで結局、日蓮は助かったのです。まさに竹取物語のような話です。

それから、当時、すでに浄土真宗は有名になっていて、各地に大きなお寺がありました。

そこに新参者の日蓮が乗り込んでいって、そこのお坊さんたちに法力合戦を挑んだそうです。漬物石みたいな大きい石を念力で浮き上がらせてみせて、「お前らにできるか」と。

もちろん、できない。そうやって日蓮は、宇宙の真理、ダルマに帰依していたらこんなことまでできると見せることで、彼らを目覚めさせようとしたのです。

そういうことができたというのは、事実のようです。

また、高野さんの先輩の日蓮宗のお坊さんで、寺沢潤世《じゅんせい》という方がいます。彼は、外国で戦争が始まるとその最前線に行って、トントントンと太鼓を鳴らしながら平和を訴えているそうです。

ロシアに行ったときにも、戦車が来てもやめずにやっていると、戦車がバックしていったと聞きました。

結局、ロシアの牢獄に連れて行かれて、血糊がべったりついているような牢屋に閉じ込められてしまったのですが、寺沢潤世さんがロシアに捕まっているという噂がイギリスの故エリザベス女王の耳に入って、イギリスが動いて解放されました。

そんな、日蓮の生まれ変わりのような人までいるのです。

愛　すごい方がいらっしゃるのですね。

保江　繰り返しになりますが、全てはあのとき、僕が松葉のにしんそばを食べていたらかなわなかったこと、かろうじて一つだけテーブルが空いていたいつもの店に行けたから、声をかけられ、そうして始まったのですよ。
全部がダルマ……、神様が采配をふるってくださったのです。

愛　一緒にいた友達が先生の本を読んで、「保江先生はアシュター船長で」といっていたのですが、そのときの私は、「何それ？」っていう感じでした。矢作先生が副船長で、彼女自身もきっとあの船に乗っていたともいっていました。
私も彼女とのご縁から、保江先生にも出会えたわけです。

保江　その人も、３０００人の中に入っているね。

愛　入っていると思います。でも、帰りたくない人もいるかもしれませんね。

保江　もちろんです。そのほうがいいと判断したなら、それはそれでいいのです。

愛　解放されたい意識のある人たちが、出ていけばいいのですね。

保江　そのとおり。太平洋戦争で日本が負けたときに、ベトナムやインドネシアにいて、帰りたくないと現地に残った日本人もいました。

兵隊も一般の人も、ほとんどは日本に引き揚げましたが、残った人たちがその後、現地の人にいろんな技術を教えて、ベトナム戦争ではベトナムがアメリカに勝ったわけです。

それで、以前に指導した日本人は、ベトナムでは国を助けてくれた偉大な人物として祀られているのです。

だから日本は、アメリカにずっと負けたままではないのですよ。その後、ベトナム戦争でアメリカに勝ったわけですから。

愛　そうなのですね。

保江　……と、ベトナム人から聞きました。
だから今回も、僕らと一緒に自分の星に戻らないで、この地球に残りますという人たちが、その後、シリウスやアンドロメダ以外の星からやってきた宇宙人にいろんなことを教えて、その人たちも解放するのです。そんな役割もあるのです。

でも僕は、司令官として戻ります。副官の矢作直樹先生は残していこうかな。僕に、「あなたはシリウスの宇宙艦隊司令官です」といった、京都の巫女さんがいました。もう亡くなっていますが、当時80歳代半ばのおばあちゃんでした。

「あなたはアンドロメダ星雲で生まれた魂で、その後、銀河系のシリウスにやってきてから地球に来た」なんていうものだから、最初は、「いったい何をいっているんだ」と思っていました。

「矢作直樹先生はあなたの副官でした。私もそうだったのよ」ともいうんですよ。

愛　今思い出しましたが、私が話した霊友会のおばちゃんは、山口の神道の巫女さんの家系なんです。

それで嫁いだ先が兵庫県の宝塚の、造園業をやっていた地主で。そこはもともと信仰深くて霊友会だったから、おばちゃんも二十歳から霊友会に入ったそうです。90歳までいたから、70年間も霊友会です。

保江　山口といえば、周防灘のあたりに柳井とか田布施という地名があって、保江家はそのあたりにもいました。そこには、すごい場所があるんです。

例えば、大本教の四天王といわれていた弟子の一人が、「高天原はその上にある」といった小さな山があります。そこに神道の組織が入ってきて、今でも残っているのが神道天行居《しんどうてんこうきょ》という知る人ぞ知る宗教です。

霊友会はわりと多いけれども、もっと特化して、全国のお坊さんや神主が密かに修行に来て本当の霊力を身につける、そういう場所があるのです。ひょっとしてそのあたりの人でしょうか。

愛　わからないです。聞いてみます。もうお年ですが、過去帳は全部つけているから、先祖はほぼわかっていると思います。

（＊後日、詳しく調べた結果、山口の出身というのは私の記憶違いで、京橋のおばちゃんの出身は、東かがわ市にある水主神社が実家という、巫女の家系でした。

誉田八幡神社と、徳島の大麻比古神社が親戚だそうです。天皇の即位に行われる大嘗祭と深く関係している阿波の忌部氏だということです。

そして、おばちゃんが嫁いだ先の兵庫県宝塚市にある私の祖父の家系は、山本という地で造園業を代々していましたが、現在は、霊友会には入らなかった祖父の兄弟の一人が松尾神社の総代をしています。兄弟の中でも、日蓮宗と神道がいるようです。

過去帳や家系図の記録を遡ると、母方の祖父の先祖のルーツは、坂上田村麻呂だということでした。

勘違いしていた山口県には、祖父のまた別の兄弟がおり、そこでも霊友会の支部をしているようです。山本という土地は、坂上田村麻呂の子孫の坂上頼次《さかのうえよりつぐ》が初代の荘司《しょうし》だということで、松尾神社は京都の松尾大社から勧請され、現在も坂上田村麻呂を祀っています。

このことを知って、「あれ？　保江先生にもゆかりがあったはず」と、『願いを叶える縄文ゲート』の本をめくったら、一発で記載ページが出てきて震えました)

憑依した宇宙艦隊司令官アシュターからの伝令

保江　僕はついに安心できました。

顕在意識ではわかっていなかったけれども、潜在意識、つまり魂ではこれが一番大事なんだとわかっていたのです。

僕の使命を全うするための最も重要な道具立て、枠組みがついに手に入りました。

今度またアシュターに会いますが、ミッション達成の方法が明確に見えたので、大手を振って対面できます。

愛　保江先生がアシュターなのですよね？

保江　それについてご説明しますね。

事の発端は、コロナ禍になる前、4年ぐらい前の夏の頃に、僕が勤めていたノートルダム清心女子大学の卒業生で、ロンドンに住んでいる江國まゆさんという女性が突然、岡山の僕の道場を訪ねてきたことでした。

彼女は何か話したそうにしていましたが、そのときは稽古が終わってすぐにみんなと飲みに行くことになっていたので、連絡先を渡しただけでした。

江國さんは、「普段はロンドンにいて、あと1週間ほどで羽田から帰ります」ということでしたので、僕もその頃は東京にいるから東京で会いましょうと別れたのです。

それで、彼女が羽田から出発する前日の夕方に僕の事務所の近くまで来てもらって、夕食をご一緒しましょうということになりました。

いちおう卒業生とはいえ若い女性なので、一対一で会うのもどうかと思って、近所に住んでいる僕の秘書も呼びました。ちなみに、その子も同じ大学の卒業生で彼女の後輩にあたるけれど、年が離れているので二人の間に面識はありませんでした。

近所のイタリアンレストランで、僕の目の前に江國さん、右隣に秘書が座り、お店のソムリエがいつものワインを持ってきてくれました。

そのとき、それまで普通にしていた江國さんが急になにかに憑かれたようになったのです。秘書がびっくりしてのけぞって、僕もとても驚きました。発作が起きて倒れるんだと思ったのです。ソムリエの人も、ワインボトルを持ったまま固まっているわけです。

幸い倒れることはなかったのですが、彼女の目は座っていて、それまでの女性の声とは違った男の声色で、

「私は、宇宙艦隊司令官アシュターである」といい出したのです。

愛　それはびっくりですね。

保江　「今、シリウスからお前に緊急指令を伝えに来た」と。

でも僕は自分がアシュターだといわれていたから、「アシュターって俺じゃなかったの？」って思いました。その瞬間に、あちらにもそれが伝わっていたようです。

「確かに、今地球上で生きている者でアシュターの分御霊《わけみたま》を持っているのはこの女性とお前だけだ。だが自分は、シリウスは三連星でＡＢＣとある中のシリウスＢの周回軌道上にある宇宙艦隊の司令官、アシュターそのものである」というのです。

それでも僕はまだ、信じられませんでした。

アシュターは、緊急指令だといってわりと下世話な話を伝えてきました。

わざわざ卒業生の体に憑依するくらい緊急なら、今からミサイルが飛んでくるとかそういう危機的な話かと思っていたのでちょっとがっかりだったのですが、落ち着いてからワインを飲み、料理を食べながら3時間くらいいろんな話を聞きました。

それこそ、自分が地球にやってきた経緯なども全部教えてくれました。その話は全部、後で読むことになった『エイリアンインタビュー』の内容と一致していました。

最初はアシュターだとは信じられなかったのですが、だんだん酔っ払って気分がよくなってきて初めて、アシュターと飲んでいるんだと思えてきたのです。

途中で敬礼し始めたり腕を組んだりして、それを秘書は全て見ていました。

そして、あまりの衝撃に、彼女はその日、自分の部屋に戻ってから全部メモにして残していました。

だから僕も、普段は酔っ払っていたときの記憶は飛ぶことが多いのですが、『エイリアンインタビュー』の内容と一致している話をしていたことがわかったのです。

愛　優秀な秘書さんですね。

保江　というのは、彼女もその物語に関わっていたからなのです。

僕が地球で転生してきた中でエジプトに生きた時代に、その秘書は僕の母親だったとアシュターからいわれたのです。

そして、アシュターは最後に、

「地球人の体をもって食べる物や、お酒は本当に美味いんだよ」といいました。

アンドロメダで生まれた生命体の魂は霞《かすみ》みたいなものだから、食べ物や飲み物は必要ないので、それを味わうという体験がなかったというのです。

地球に囚われてしまう要因の一つが、食べ物やお酒などを味わう感触の素晴らしさだということでした。

愛　私は、セックスの快楽もそうだと思います。

保江　そうですね。

愛　私のイメージでは、宇宙では体を持たない生命体が、なんらかの作用で分裂して増えていくという感じなので、肉体が交わるということがないですよね。

保江　そのとおりです。

愛　男女の区別も、ほぼない感じですよね。

保江　そうです。地球では男女に分かれ、いろいろな二極化がありますから、これもクセモノなのですね。

アシュターとたくさんの会話を楽しみ、勉強になることも多く、最後には、僕は完璧にこの存在はアシュターだと信じて敬礼していました。

そして、江國さんは、それまでは男性の雰囲気だったのが、一瞬で普通の女性の意識に戻ったのです。
江國さんは、近いうちにまた帰国します。
会話の内容が非常に面白かったので、その後、出版社に頼んで、アシュターと僕の対談本を出版する話になっていたのですが、コロナ騒動で動けなくなって、ずっと日本に帰ってこられませんでした。それが、やっと会えることになったのです。

愛　その人にいつも降りてくるんですね。

保江　今や、ほぼ常駐していて、自在にアシュターでの会話ができるようです。

愛　すごいですね。媒体になっている間は、ご自身は不在になるのですか。

保江　自分の意識ははっきりしていて、傍観している感じのようです。

愛　意識は二つ入っているのですね。

保江　そうです。ご自身の意識がアシュターを観察しているような状態です。
ちなみに、前回、アシュターが出てきたときは、アシュターがいなくなってから自分の目の前にワイングラスがあるのを見て、驚いていました。
「私は普段、ワインはあまり飲まないのに」といって。

愛　アシュターは、宇宙艦隊司令官、という立場なのですよね。

保江　シリウス由来のエイリアンで、宇宙連合所属の宇宙艦隊司令官です。
宇宙連合というから、銀河系の様々な星の連合かと思って、アシュターに、「宇宙連合ってどのぐらいの範囲なんですか？」と聞いてみました。すると笑い出して、「それは地球人の想像だろうが、宇宙連合というのはシリウスの3つの星だけで成り立っている。それ以外の星は関わっていない」といわれました。

愛　なるほど。その女性はもともと、シャーマン的な聖職者の素養というか、イタコ気質のようなものがあったのでしょうか。

保江　それはわかりませんね。ホームページを見ると、スピリチュアルカウンセリング的なこともしているようです。

ロンドンに在住している彼女の周りの日本人の間で、僕の本がよく読まれているそうで、「一度、ロンドンに講演に来てもらえませんか」といわれました。

「機会があればぜひ」とかいっているうちに、コロナ禍になってしまったのですが。

愛　次回はアシュターとの間でどんな会話になるか、本当に楽しみですね。

〈編集注：この対談については、『シリウス宇宙連合アシュター司令官 vs.保江邦夫緊急指令対談』〈明窓出版〉として出版されました〉

「今、このときが中今」――目醒めに期限はない

愛　スピリチュアルなカウンセリングについて、思うことがあります。

いわゆる「目醒める」ということについて、例えば「1週間以内に〇〇をしないと間に合わない」などと期限を決めるスピリチュアリストもいますが、私はそれは必要ないと思うのです。期限がないとその気にならない人もいるので、お尻を叩いているだけなのかもしれませんけれども。

期限など関係なく、「今が一番大事なとき」です。

だからいつでも目醒められる……今すぐにでも、意識は目醒めることができるんですよね。

何層にもなっていますが。

保江　そのとおり！　僕もいろんな既刊本で述べていますが、今、このときを中今といい、それが一番大事なのです。

やはり、愛さんは悟っておられますね。

愛　いえ、悟っているなんてとんでもないことです。

ただ、人は期限をつけられると、焦りが生じて、逆に中今から遠のいてしまう……、そして恐れと繋がり、もっと囚われてしまうような気がするのです。

それでは、なかなか自身を解放できないですよね。

保江　本当は、意図的に囚われる方向に向かわせようとしているのかもしれません。スピリチュアル○○という肩書きの人は玉石混交で、石の場合のほうが多いくらいですから要注意です。

愛　囚われにはまっている人というのは、そうしたスピリチュアル○○という人に依存するような人たちだと思います。スピリチュアリストも人にもてはやされて神格化されていくと、宗教団体という形態でなくても新興宗教になってしまいますね。

保江　まさにそうですね。

愛　エニアグラムだったら、統合の方向とか、具体的なやり方とか、プロセスはみんな違う……。悟りとは、自己改革によって自分の内側の宇宙で起きることなので、当然です。

誰かが経験した成功の方法をシェアして取り入れるというのはヒントにはなると思います

が、それで悟れるかのような導き方をするのは、そもそも本質から少しずれるかなと。

例えば、誰かれかまわずに、「ワクワクする心地よいことをやりなさい」と教える人がいますが、心地よさの選択が健全に働くのは、エニアグラムでいうとタイプ１の人。

保江先生のような方は、心地よさだけではなく、ネガティブなことに蓋をせず、逆に落ち着きや深みを増す方向に意識が向くほうが、解放されて統合する場合があります。

「ワクワクがいい」といっても、健全に作用せず、場合によっては不健全さが増すこともあるわけです。

具体的な話もなく、目醒めるとか、ネガティブを手放すなどという人も多いですが、それでどこまで、個人個人の悩みが解消されているのだろうかと思います。

保江　まさにそのとおりです。
結果として、囚われていなかった人までも逆に、囚われてしまうのでしょう。

愛　でもきっとそうして誰かに依存したり、囚われることも無駄ではないのでしょう。途中で何か違うなと気づいた人が、より具体的な、もう少し突っ込んだ真理を知りたくなるのかもしれないですよね。

保江　その意味では、ステップアップの段階の一つとしていいのかもしれません。そのステップを超えて、具体的に自分自身のこととして落とし込めるようなメソッドが欲しくなった人は、愛さんに学べばいいのです。

いやいや、素晴らしい対談になりましたね。僕の部下3000人だけでなく、人類一切を救うメソッドが提供された気さえします。本当にありがとうございました。

愛　こちらこそ、ありがとうございます。保江先生のおかげでバラバラのパズルだったものが、一枚のきれいな絵としてまとめられたような気がします。これからのビジョンも一緒に描いてくださり、心から感謝いたします。

あとがき

広い海のどこかに　小さな魚の兄弟たちが楽しく暮らしてた
みんな赤いのに、１匹だけはカラス貝よりも真っ黒
でも泳ぐのは誰よりもはやかった　名前はスイミー

ところがある日、恐ろしいマグロがお腹を空かせてすごい速さでミサイルみたいに突っ込んできた
ひと口でマグロは、小さなあかいさかなたちを、１匹残らず飲みこんだ
逃げたのはスイミーだけ
スイミーは泳いだ　暗い海の底を
こわかった。さびしかった。とてもかなしかった

けれど海には素晴らしいものがいっぱいあった
面白いものを見るたびにスイミーはだんだん元気を取り戻した

虹色のゼリーのようなクラゲ　水中ブルドーザーみたいないせえび
見たこともない魚たち　見えない糸で引っ張られている（中略）

その時、岩陰にスイミーは見つけた
スイミーとそっくりの小さな魚のきょうだいたち

「出てこいよ。みんなで遊ぼう。面白いものがいっぱいだよ」

「だめだよ。大きな魚に食べられてしまうよ」さかなたちはこたえた

「でも、いつまでもそこにじっとしているわけにはいかないよ。なんとか考えなくちゃ」
スイミーは考えた。いろいろ考えた。うんと考えた
それからとつぜんスイミーは叫んだ
「そうだ。みんなでいっしょに泳ぐんだ。海で一番大きな魚のふりして」

スイミーは教えた。決して、離れ離れにならないこと。みんな持ち場を守ること
みんなが1匹のおおきな魚みたいに泳げるようになった時、スイミーはいった
「僕が目になろう」
朝の冷たい水の中を。昼の輝く光の中を。みんなは泳ぎ、大きな魚をおいだした

【レオ・レオニ作／谷川俊太郎訳『スイミー』～ちいさなかしこいさかなのはなし～】

これは、私が自分の使命を思い出すきっかけとなった絵本です。

小学2年生の国語で習いましたが、もっと前からこの絵本が好きでいつも寝る前に読んでいました。

ユニークで勇気があって賢いスイミー。いつかスイミーみたいになりたい。

なぜスイミーに憧れていたのか？　理由もわからないまま大人になり、絵本のことなどすっかり忘れていました。

幼少期から地球に馴染めず、人知れず孤独な子供でした。信仰深い家系に育ち、山で修行し、お経をあげては、「これでは悟れないし幸せにはなれない」と言い、母に怒られました（笑）。幸せになるために修行をしている大人たちが、全く幸せそうに見えなかったのです。何か嫌なことがあると、「めんどうくさいな。宇宙に還りたい……」と思っていました。両親や妹弟や友達にも恵まれていたし、とても愛されて育っているのに、そんなことを考えている心を悟られないよう、仮面をかぶって生きました。

ですが、23歳のときの強制終了で、仮面が剥がれはじめました。今思えば、本当の自分で生きる大きなきっかけですが、当時はとても悩みました。

宇宙に還る勇気もなく、どうせ死ねないなら好きに生きようと思いました。病気になって仕事を失い苦しいはずなのに、なぜか心のどこかでホッとしているもう一人の自分。忘れていた感覚。思い切って仕事を辞めたら、とたんに症状は良くなりました。

人は魂からずれた生き方をすると病気になる。心からのサインはいつも自分の進む道へと、導いてくれているのです。

これからの人生は、たとえ自分の価値観や感覚が他の人と違っていても、自分だけは自分の味方となり、気持ちに素直に生きようと決めました。


ネイリストに転職し独立して7年ほど経った2018年の夏。紹介で霊視していただいたスピリチュアルカウンセラーに、

「愛ちゃんは、人の意識を変える力がある。今後はその仕事を使命に活動するから3年で準備して」と言われました。

人の意識を変える……、この頃コーチングを学んでいましたが、「意識を変えるって何をするの？」と具体的にはわかりませんでした。準備には時間もエネルギーも必要なので、スタッフを雇い、起業塾へ入ってマネージメントや統計心理学をマスター。2020年コロナ禍の中、少し時間ができたので、統計心理学を使った「ダイヤモンドセッション」を始めました。


すると今度は「エニアグラムって知ってる？　絶対受けて！」と友達が教えてくれました。

セッションを受け、直感的に統計心理学とセットで相乗効果があると感じ、学びました。不思議なことに、エニアグラムはやればやるほど、「これ、昔使っていた」という記憶がどんどん蘇りました。

ある日、当時のパートナーと、魂の使命は子供の頃に好きだった絵本にヒントが隠されているという話題になり、2人とも思い出したのが絵本作家レオ・レオニの作品。私はスイミー。彼女はフレデリック（『フレデリック―ちょっとかわったのねずみのはなし』好学社）。

私はフレデリックについてはあまり覚えておらず、スイミーのストーリーだけが鮮明に浮かびました。

その時、ハッキリとわかったのです。スイミーは私のことだと。自分の未来の姿を暗示しているような気がしました。長い間、私自身が地球という広い海の中で、思い込みや固定観念のトラップに縛られて、マグロの恐怖に怯えていた一人でした。

しかし、スイミーを読んで自分のユニークな個性や、人と違うからこそできた経験を、同じようなことに悩んでいる仲間に伝え、勇気や希望になることで、自分のことをもっと好きになり幸せにしてあげられるのではないか。そんなストーリーを体験することを使命として、生まれたのだと思ったのです。

この頃から、学んできたことを集大成していつか出版したいと思うようになりました。本はセミナーやセッションよりも安価で、子供や学生など、お金に余裕のない人も含めて誰の手にも届きやすい。私自身も、いつも本で学び、本に救われてきたのです。


スピリチュアルカウンセラーからアドバイスをいただいた3年後の２０２１年、知人から『生きがいの創造』（飯田史彦　ＰＨＰ研究所）を紹介されて読みました。そのときの興奮は、今でも忘れません。

著者の飯田先生にどうしても会いたい。調べると私のサロンからすぐご近所の【光の学校】におられました。初めてお会いしたとき、

「愛さんには、僕が救えない人を救えるのです。なぜなら、愛さんに生まれているから。そして、ご自分の魂が救われている。それは、カウンセラーに一番大切な素質です」と言っていただき、涙が溢れました。先生は、私がまるで息子であるかのように親身にアドバイスを下さいました。

1年ほどたった頃、

「今までの気づきをどんな形でもいいからまとめてください。期限はないので楽しんでやってね」と宿題が出ました。私は、無我夢中でまとめました。

そして2022年4月、資料がちょうどでき上がった頃、保江邦夫先生に出会いました。

先生には数回お会いしただけで、全く打ち合わせなしの対談。このような経緯や使命のお話もしていませんでした。それなのに、最終的には対談の中でメソッドを認めてくださっただけでなく、同じ星から来て地球に囚われた3000人の魂の仲間を解放し、一緒に宇宙へ還るお手伝いをさせていただけるという、最幸の大円団。新たな夢とビジョンまで与えてくださいました。

スイミーになりたいという夢が叶うのです。

保江先生の使命と、私の使命の調和が、魂の仲間たちの大団円へとも繋がっている。地球は本当に、愛と奇跡の星です。監獄にも流刑地にもなれば、天国にも楽園にもなる。けれど、それは自分の設定次第なのですね。今、私の設定している地球・そして人生のストーリーは、宝石のようにキラキラ輝き美しく、愛と優しさ、希望の光に満ち溢れている。

余談ですが、湯けむり対談にお誘いいただいたとき、有名な天才物理学者の保江先生のご好意と多大なる応援により共著出版いただけることに大きな喜びを感じつつ、無名の私になぜそこまでしてくださるのだろうという疑問も多少あったのです（保江先生、ごめんなさい）。が、しかし。それはほんの一瞬。それより出版社の女性社長様と温泉……ということに、私の鼻の下も伸び、全ての恐れや不安は消え去っていました。鼻の下が伸びるというのは、やっぱり最強のセンサーなのです（笑）。

これまで、向こうからやってきて自分に与えられた課題や問題を受け取り、考えて、ナゾナゾを解いてきたような人生でした。ですがそのおかげで、悩みや苦しみから自分を解放し、自分のことを信じたり愛することが少しずつできるようになり、地球に、そして自分に生まれてよかったと、心から思えるようになれたのです。これは私にとって、とても嬉しいことです。

そして、究極の自分（魂）磨きメソッドが完成しました。これからの多様性の時代に、それぞれの人生が輝く、羅針盤になると思います。私はこのメソッドを仲間へ届けたい。

読んでくださった皆さん、まだ見ぬ地球の美しい景色を一緒に、自由に泳ぎましょうね！

そして、最後にお伝えしたいのは、幸せになるために、世界中には宗教、哲学、優れたメソッド、素晴らしい導師やメンター、成功者と呼ばれる人、もっといえば神様・仏様がいらっしゃいます。でもそのどれもが自分やこの世界を救う救世主ではないということ。

もちろん、それらは私たちに多くの気づきやヒントをもたらしてくれますが、そもそも、自分を苦しめ、縛っているものなど本当は何もないのです。あるとすれば、自分で作った思い込みや制限です。

自分で自分を不自由にしているなら、それを解くのも、救えるのもまた自分。そこから出発して、自分の内側へと意識を向け、丁寧に自分を解放する作業をしないかぎり、真の安らぎへはたどりつけないと思うのです。

人生で起こる全てが、この宇宙の真理に気づくプロセスであり、全てが愛です。恐れと愛とは、もともと表裏一体で同じ存在です。恐れを、恐れることなく大切に慈しむこと、愛すること。

一人ひとりが囚われから魂を解放できたときに、分離していた恐れと愛は調和し統合します。世界で一番強くて美しいダイヤモンドの心は、完全調和の光となり、魂の故郷へ還るのです。人類が恐れではなく、愛をベースに生きることで、真に平和な世界を創造できると信じています。そして、それはまず自分という一人の内側の宇宙から起こるのです。

この場を借りて、これまでお世話になった方々に、心からの感謝をお伝え申し上げます。

特に、統計心理学恩師の鈴木克彦先生、エニアグラム師匠の木村龍星先生、尊敬する魂の父、飯田史彦先生。魂の心友である日原和美さん、小林房子さん、神谷京子さん。いつも支えてくれた桑田幸子さん。

命を授け深い愛情で育ててくれた母と父。妹弟、宇宙人家族のみんな。

保江先生との共著を温かく快諾し、ご尽力いただいた明窓出版の麻生真澄社長。

そして、私を見出しこのような素晴らしいチャンスを与えてくださった大好きな保江邦夫先生。

愛してます！

本当にありがとうございました！

２０２３年12月

川崎　愛

【参考図書】

新版　エニアグラム【基礎編】自分を知る９つのタイプ
著者／ドン・リチャード・リソ　ラス・ハドソン　角川書店

エニアグラム【実践編】人生を変える９つのタイプ活用法
著者／ドン・リチャード・リソ　ラス・ハドソン　角川書店

９つの性格
エニアグラムで見つける「本当の自分」と最良の人間関係
著者／鈴木秀子　ＰＨＰ

愛《あい》が寄《よ》り添《そ》う宇宙《うちゅう》の統合理論《とうごうりろん》
これからの人生《じんせい》が輝《かがや》く
9《ここの》つの囚《とら》われからの解放《かいほう》

保江邦夫《やすえくにお》・川崎《かわさき》　愛《あい》

明窓出版

令和六年二月十日　初刷発行
令和六年三月七日　二刷発行

発行者――麻生 真澄
発行所――明窓出版株式会社
〒一六四―〇〇一二
東京都中野区本町六―二七―一三
印刷所――中央精版印刷株式会社

ISBN978-4-89634-472-1

保江邦夫（Kunio Yasue）

岡山県生まれ。理学博士。専門は理論物理学・量子力学・脳科学。ノートルダム清心女子大学名誉教授。湯川秀樹博士による素領域理論の継承者であり、量子脳理論の治部・保江アプローチ（英:Quantum Brain Dynamics）の開拓者。少林寺拳法武道専門学校元講師。冠光寺眞法・冠光寺流柔術創師・主宰。大東流合気武術宗範佐川幸義先生直門。特徴的な文体を持ち、100冊以上の著書を上梓。

著書に『祈りが護る國　日の本の防人がアラヒトガミを助く』『祈りが護る國　アラヒトガミの願いはひとつ』、『祈りが護る國　アラヒトガミの霊力をふたたび』、『人生がまるっと上手くいく英雄の法則』、『浅川嘉富・保江邦夫 令和弐年天命会談 金龍様最後の御神託と宇宙艦隊司令官アシュターの緊急指令』（浅川嘉富氏との共著）、『薬もサプリも、もう要らない!　最強免疫力の愛情ホルモン「オキシトシン」は自分で増やせる!!』（高橋 徳氏との共著）、『胎内記憶と量子脳理論でわかった!『光のベール』をまとった天才児をつくる たった一つの美習慣』（池川 明氏との共著）、『完訳 カタカムナ』（天野成美著・保江邦夫監修）、『マジカルヒプノティスト スプーンはなぜ曲がるのか？』（Birdie氏との共著）、『宇宙を味方につける こころの神秘と量子のちから』（はせくらみゆき氏との共著）、『ここまでわかった催眠の世界』（萩原優氏との共著）、『神さまにゾッコン愛される　夢中人の教え』（山崎拓巳氏との共著）、『歓びの今を生きる 医学、物理学、霊学から観た 魂の来しかた行くすえ』（矢作直樹氏、はせくらみゆき氏との共著）、『人間と「空間」をつなぐ透明ないのち　人生を自在にあやつれる唯心論物理学入門』、『こんなにもあった!　医師が本音で探したがん治療　末期がんから生還した物理学者に聞くサバイバルの秘訣』（小林正学氏との共著）『令和のエイリアン　公共電波に載せられないUFO・宇宙人ディスクロージャー』（高野誠鮮氏との共著）、『業捨は空海の癒やし　法力による奇跡の治癒』（神原徹成氏との共著）、『極上の人生を生き抜くには』（矢追純一氏との共著）、『愛と歓喜の数式　「量子モナド理論」は完全調和への道』（はせくらみゆき氏との共著）、『シリウス宇宙連合アシュター司令官vs.保江邦夫緊急指令対談』（江國まゆ氏との共著）、『時空を操るマジシャンたち　超能力と魔術の世界はひとつなのか 理論物理学者保江邦夫博士の検証』（響仁氏、birdie氏との共著）（すべて明窓出版）など、多数

川崎　愛（Ai Kawasaki）

京都府出身。1984年7月6日生まれ。株式会社愛代表取締役。
立命館大学文学部日本史学科卒業。

幼少期から性別・年齢に囚われない宇宙愛の記憶を持つパンセクシャル。
信仰深い家系に育ち、宗教、歴史、スピリチュアル、悟りについて研究する。

学生時代は、祇園高級クラブホステスNO1。
卒業後、大手生命保険会社へ入社。6ヶ月で売上件数全国１位を獲得するも、突然の体調不良で鬱になり退職。

ネイリストに転職し、スクール講師を経て、京都市内で創業から１３年のネイルサロンを経営。
『本当の自分に目覚めるネイルサロン』では、３万回・3000人以上の人生相談を受ける。
現在は、 個人セッション・セミナー・養成講座を開催している。

滝・歌うこと・ポン酢・熟女をこよなく愛する。

ホームページ　https://www.reservestock.jp/35355
（セッションの案内など）